中国当代图书馆
馆 长 文 库

追梦十年

公共图书馆服务实现均等高效的探索

邱冠华 著

上海科学技术文献出版社
Shanghai Scientific and Technological Literature Press

图书在版编目（CIP）数据

追梦十年：公共图书馆服务实现均等高效的探索 / 邱冠华著. —上海：上海科学技术文献出版社，2014.8

（中国当代图书馆馆长文库）

ISBN 978-7-5439-6321-4

Ⅰ.① 追… Ⅱ.①邱… Ⅲ.①公共图书馆—图书馆服务—中国—文集 Ⅳ.① G259.252-53

中国版本图书馆 CIP 数据核字（2014）第 153725 号

责任编辑：刘　娴
装帧设计：许　菲

中国当代图书馆馆长文库
追梦十年：公共图书馆服务实现均等高效的探索
邱冠华　著
出版发行：上海科学技术文献出版社
地　　址：上海市长乐路 746 号
邮政编码：200040
经　　销：全国新华书店
印　　刷：上海中华商务联合印刷有限公司
开　　本：850×1168　1/32
印　　张：5.875
字　　数：131 000
版　　次：2014 年 8 月第 1 版　2014 年 8 月第 1 次印刷
书　　号：ISBN 978-7-5439-6321-4
定　　价：35.00 元
http://www.sstlp.com

出版说明

当前，我国正在实施推动社会主义文化大发展大繁荣、建设社会主义文化强国的战略国策。作为积聚知识、传播信息的当代图书馆活动，在公众生活中正发挥着越来越重要的作用；而活跃在当代中国图书馆活动第一线的各位馆长，则肩负着推动国家与民族文化建设的历史责任。他们在致力图书馆管理实践的同时，还在各自的专业领域从事着多种学术研究，在文献资源建设、创新图书馆发展、社会文化服务等不同领域，形成了众多研究成果，并得到了图书馆界同仁的认可。

上海图书馆所属的图书馆杂志社与上海科学技术文献出版社，多年来致力于图书馆业界的宣传推广，努力成为图书馆事业发展的前沿阵地。为此，两单位联袂发起、编纂系列丛书《中国当代图书馆馆长文库》，旨在汇集出版当代中国著名图书馆馆长的主要学术成果，记录改革发展进程中我国图书馆事业的发展轨迹，宣传当代中国图书馆活动的科学实践，交流源于实践一线的当代图书馆学最新成果。希望能够为未来的中国图书馆活动提供理性的参考，也为当前全国的公共文化建设提供一份助力。

《中国当代图书馆馆长文库》的各位作者，作为图书馆转型时代的亲历者和领航人，他们的知与行，见证了当代图书馆事业大变革的历程，缔造了当代图书馆事业大变革的格局。读者能从中感受到领航者激情开拓、坚守志业的精神和风骨。与此同时，《文库》还收录了部分馆长的散文随笔，让读者于他们的信手闲笔中，更多地发现思想的渊源和所能抵达的美妙境界。

希望《中国当代图书馆馆长文库》能够成为记录中国当代图书馆事业家思想结晶的碑版，成为传播当代中国图书馆事业家智慧成果的媒介。

作者简介

邱冠华，1959年生于苏州，2002年12月担任苏州图书馆馆长，2011年11月主动请辞离开馆长岗位，现为苏州图书馆研究员。

主要社会兼职：国家公共文化服务体系建设专家库成员，中国图书馆学会阅读推广委员会副主任，江苏省图书学会副理事长，公共图书馆研究院研究员、院务委员。

个人主要荣誉：全国文化系统先进工作者、第三届文化部创新奖（参与全国图书馆志愿者行动，十名获奖者之一）、江苏省学习型职工标兵、中国图书馆学会优秀会员。

个人学术成果：发表专业文章近30篇，其中《人民的图书馆：公共图书馆向基层延伸的模式研究》获"江苏省第二届图书馆学情报学学术成果（论文类）一等奖"，《从政府购买看实行总分馆制的必然性》获"《新世纪图书馆》（2003—2009）优秀论文"。编著出版《覆盖全社会的公共图书馆服务体系：模式、技术支撑与方案》（第一作者）、《公共图书馆建设主体研究——全覆盖目标下的选择》（第二作者）、《公共图书馆管理实务》（第一作者）、《亲子阅读：送给0—12岁孩子的父母》（主编）、《爱书人的世界》（主编）等，其中《覆盖全社会的公共图书馆服务体系：模式、技术支撑与方案》获"第十届苏州市哲学社会科学优秀成果二等奖"、"第十一届江苏省哲学社会科学优秀成果三等奖"、"江苏省第三届图书馆学情报学学术成果（专著类）一等奖"，《亲子阅读：送给0—12岁孩子的父母》获国家图书馆文津图书奖"第六届文津推荐图书"。

序 言

  《图书馆杂志》社、上海科学技术文献出版社共同发起编纂系列丛书《中国当代图书馆馆长文库》(下简称《文库》),担任了十年苏州图书馆馆长的邱冠华被点将亮相。为此,邱馆长约我写段文字。十多年来,邱馆长的馆长生涯和我的教学研究生涯有太多的交集,合作共事、并肩战斗的经历无数,因此,没有推辞的理由,只能遵嘱照办。

  邱冠华2003年初就任苏州图书馆馆长,其名字在中国图书馆界冒头,大约缘于2004年中国图书馆学会年会在苏州举行。其时,我和邱馆长还素昧平生。2004年秋季,邱馆长进入北京大学信息管理系图书馆学专业研究生课程进修班学习,这是我和邱馆长熟悉的开端,后来邱馆长在北大教师面前言必称"学生",盖缘于此。邱馆长在北大研究生课程班学习期间,让我看到了一个学经济管理出身的"外行人"立志成为职业图书馆长的态度和精神:研究生课程班历时一年半,邱馆长身为一馆之长,馆务缠身自不待言,但在我的记忆中,他是当时全班唯一一个一节课不拉全程坚持的学员,以致他的课堂笔记成为全班最权威的笔记。邱馆长参加研究生课程班学习,不为获得学位,没有任何功利色彩,唯一的目的就是系统了解图书馆学的基本知识和基本理论,了解国内外图书馆事业发展的理念与实践,用以弥补自身专业素养的不足,指导自己的管理工作。在全国各级各类图书馆的馆长中,像邱馆长这样主动自觉地通过系统学习由"外行"变为"内行"的,恐怕是凤毛麟角。十年馆长生涯，邱馆长成为全国知名馆长，甚至到了"图林谁人不识君"的境地，身居苏州图书馆这一重要平台固然是原因，但邱馆长自身的努力、奉献、执着、与时俱进的实践与创新更是不可或缺。邱馆长在许多场合、许多文章中都说，北大研究生班的系统学习，给了他管理苏州图书馆的职业理念和专业素养，我要说，邱馆长参加北大研究生课程班学习的态度和精神，已经回答了他能够成长为知名馆长、领军人才的必然性。

《追梦十年——公共图书馆服务实现均等高效的探索》提出的"普遍均等"和"实用高效"，是构建现代公共图书馆服务体系所要解决的两大核心问题，是中国图书馆人百年来追求的职业梦想，收入的十多篇文章，记录了邱馆长在十年馆长生涯中对这两大问题的思考和探索，展现了苏州构建公共图书馆服务体系的实践对全国公共图书馆事业发展所起到的推动和示范作用，读者浏览文集自会有了解和感受，我无需赘述。这里，我想说邱馆长在十年馆长生涯中另外一些方面的贡献。

在全国 350 多位地市级公共图书馆馆长中，邱冠华是一位难得的在实践创新和理论研究两方面成果俱丰的馆长。在苏州这样一座文脉悠长、底蕴深厚的城市当图书馆馆长，首先需要把治下的图书馆打造成为与苏州城市地位相称的全国一流的公共图书馆，这一点邱馆长带领苏州图书馆同人做到了。仅有此还不够。"图书馆是一个组织体系而不是一座建筑"，践行这一理念，邱馆长在馆长任期内敏锐地抓住我国公共文化服务体系建设兴起的历史机遇，谋划和实践了覆盖"大苏州"的公共图书馆服务体系建设，创造了公共图书馆总分馆体系的"苏州模式"，引领了新时期公共图书馆服务体系建设的潮流。在这一过程中，邱馆长与南开大学于良芝教授等人密切合作，先是于 2008 年出版了我国第一部系统研究公共图书馆总分馆体系的专著《覆盖全社会的公共图书馆服务体系：模式、技术支撑与方案》，后又于 2009 年开始参与"公共图书馆法立法支撑研究"项目中的"公共图书馆的设置与体系建设研究"专题，于 2011

年出版了《公共图书馆建设主体研究——全覆盖目标下的选择》。这两部专著成为新时期我国公共图书馆总分馆体系建设代表性的研究成果，对全国公共图书馆总分馆体系建设以及总分馆建设经验走出图书馆界、辐射其他公共文化服务领域，发挥了重要作用，同时也体现了一个一线馆长的理论素养和学术水准。

在十年馆长生涯中，邱馆长无私地将其管理理念、管理经验传播给业界同行，以多种方式帮助和带动了一批欠发达地区基层公共图书馆的发展。从2006年到2010年，邱馆长是"中国图书馆学会志愿者行动——基层图书馆馆长培训"活动的骨干力量，全程参与了为期五年的志愿者行动，向数以千计的基层图书馆馆长传播了"馆长实务"。2011年开始，文化部实施全国基层公共文化队伍培训，邱馆长又成为骨干讲师，讲授内容扩展为"公共图书馆管理实务"。在长期培训讲授的基础上，2013年初，邱馆长主持编写的《公共图书馆管理实务》作为文化部全国基层文化队伍培训教材公共图书馆系列中的一本正式出版。2009年至2011年，邱馆长主持了《图书与情报》的"县市图书馆"专栏，从发现典型到征集稿件到修改提炼，最终这一专栏发表了几十篇介绍基层公共图书馆服务创新经验的文章，邱馆长以另一种方式实现了推动了事业发展的理想。2013年6月，邱馆长在参加第一批国家公共文化服务体系示范区验收工作的过程中，促成了遵义市图书馆和苏州图书馆结为友好图书馆，苏州图书馆为革命老区图书馆事业的发展做出了独特的贡献，邱馆长充当了东西部结对帮扶的"使者"。邱冠华的十年馆长生涯，立足苏州，放眼全国，胸怀事业，体现了一种"老吾老以及人之老"的风范，这是他最终能够成为全国知名馆长的重要原因。

我多次听邱馆长讲过他治馆理政的切身体会。邱馆长说，身为馆长，最重要的职业素养是具备现代图书馆理念。同样一件事情，理念不同，处理的方式就完全两样。邱馆长在《他山之石　可以攻玉——参观北欧图书馆随想》一文中说的一个切身感悟很典型：2003年他刚就任馆长，参加第69届国际图联大会顺访西欧，当时他对图书馆的理解只停留在建筑、设施、设备等硬件方面，由此认为苏州图书馆和西欧图书馆相比差别并不大。2005年，当他有了一些现代图书馆理念之后访问北欧图书馆，关注的重点由硬件转向了软件，由设施设备转向了服务，由此看到了苏州图书馆不小的差距，并明白了产生差距的原因。邱馆长自己总结进入北大图书馆学研究生课程班学习的经历时说过，最大的收获是比较系统地了解了现代图书馆服务的基本理念。我认同邱馆长对"馆长之道"的感悟和体会。理念之于馆长，就是指导思想，就是治理准则，就是行事指南，因此，我希望业界同仁能从中领略他的治馆理念，体味他将现代图书馆理念应用到图书馆服务实践中的思路、方法和途径，从而为实现图书馆事业治理体系和治理能力的现代化添砖加瓦。

李国新

2013年12月27日

目 录

1　序言

1　公共图书馆需要经营

7　他山之石　可以攻玉

13　从苏州市公共图书馆事业的建设与发展而引发的一些思考

21　人民的图书馆：公共图书馆向基层延伸的模式研究

40　政府信息公开与图书馆当前工作

48　图书馆服务宣言

56　苏州城区总分馆建设的实践与思考

70　从政府购买看实行总分馆制的必然性

79　当前图书馆阅读推广工作的两点体会

89　公共图书馆的设置与体系建设研究

107　吴江市公共图书馆乡镇分馆调查报告

118　规范产生效益：苏州地区总分馆建设的成本效益分析

131　四位一体　构建农村公共信息服务体系的建议

139　宝岛台湾的公共图书馆设置与体系管窥

150　示范区创建中深化"苏州模式"的制度设计研究

163　对美国公共图书馆的再认识

175　后记

公共图书馆需要经营*

1. 问题的提出

公共图书馆是人民的终身学校,按照联合国教科文组织的《公共图书馆宣言》和我国公共图书馆的性质及服务宗旨,不容置疑,公共图书馆是一个公益性的事业单位,提供的是公共产品。因此,在公共图书馆的具体运行过程中,注重的是社会效益,统计的是读者人次、图书流通量、人均拥有图书资源数量、财政拨入经费等指标,大家对图书馆回避谈经营、讲成本,好像经营就是只讲经济效益,而图书馆是追求社会效益的场所。但即使是一个公益性单位,在为社会提供公共产品的时候,需不需要计算投入与产出的关系、成本与效益的关系? 如果不计算这些,公共图书馆的馆长们如何知道什么服务应该开展,什么产品可以提供? 如果计算这些,公共图书馆在为社会提供服务的时候,什么时候应该免费,什么时候应该收费? 免费与收费如何来界定?

---

* 本文为2004年中国图书馆学会年会优秀论文,收录于《中国图书馆事业百年》.北京图书馆出版社,2004:424—426。

公共图书馆如何利用自身的资源优势来取得相应的经济效益？所以，笔者认为，公共图书馆需要经营。

2. 经营的多种概念

事实上，经营有多种概念，在《语言大典》中就给出了多达9个。与本文相关的主要有这样三种：（1）"卖［sell］，即为了金钱或其他有利可图的考虑把财产转让给人"，我们一说起经营这个概念，主要联想的是这个解释；（2）"筹划、组织［tend］：管理操作或做其他有关的必要工作"；（3）"操作、经营［operation］：计划和管理商业或其他组织机构的过程"。从经济学角度来说的经营，则主要是最后一种。管理大师亨利·法约尔则认为经营是指导和引导一个整体趋向一个目标，包括了六种活动：技术活动（生产、制造、加工），营业活动（采购、销售、交换），财务活动（资金的筹集和运用），安全活动（财产和人员的安全、预防偷盗、火灾、水灾等），会计活动（包括资产目录、存货盘点、成本核算、统计等），管理活动（包括计划、组织、指挥、协调、控制等）。而我们一说起"经营"，就简单地误解成是"做买卖"［sell］，这显然是不全面的。所以，公共图书馆的经营，应该针对不同的性质，运用不同的经营概念。

3. 公共图书馆公共产品的经营

说到这个问题，需要来回顾一下文化事业与文化产业的关系。文化部对文化产业概念的阐述为"文化产业是指从事文化产品生产和提供文化服务的经营性行业。文化产业是与文化事业相对应的概念，两者都是社会主义文化建设的重要组成部分"。并把文化产业分成了演出业、影视业、音像业、文化娱乐业、文化旅游业、网络文化业、图书报刊业、文物和艺术品业以及艺术培训业等九个行业门类，后又提出了发展文化信息业。

上面这个概念，至少还不能作为完整的文化产业定义，但不外乎是文化资源、文化人才、文化产品、价值、价格、市场这样一个集合体，笔者一直把它简单地理解为文化商品加市场。因为是产品，所以需要耗费资源、付出劳动、计算成本，并有使用价值；因为是商品，所以需要有价值、价格、利润，并通过市场实现交换。所以从本质上说，文化事业和文化产业是密不可分的，它们都为社会提供产品，仅仅是因为在交换时有所不同而已。文化产品如果是由政府采购，向社会公众免费提供，作为提高全民素质或建设精神文明的公共产品使用，则就是文化事业，如果是由市场决定供需，由受让方采购，则就是文化产业。

政府通过调节社会再分配来保证文化事业发展的资金支出的本质是什么呢？笔者认为是政府向文化事业单位"购买"公共产品（也可以理解为文化商品）。因此，作为文化公益事业的公共图书馆，实际上是由政府出资购买向社会免费提供产品的一个服务单位。而政府在购买时是否物有所值，就必须计算公共图书馆提供产品的成本，并且是否不大于该种产品的社会平均成本。例如公共图书馆的采编业务：目前各公共图书馆采编人员的人均工作效率为每年 10 000 册，按平均书价 25 元/册、折扣 15％ 计算，其收益为 37 500 元，因此，当人均年经费支出小于 37 500 元时为盈利，大于 37 500 元时为亏损，这是一种计算方式。另一种计算方式，只要接受外包业务的单位的收费平均单价小于 3.75 元时，则应该采用外包的办法；还有的办法是降低采编人员的平均收入待遇或者提高采编人员的工作效率。由于政府是公共图书馆的出资人，政府的购买价格与产品成本相等，因此，公共图书馆提供产品的成本越低，经济效益就越高。因而，从这个意义出发，公共图书馆在提供公共产品上也需要经营，其经营的结果，不仅会直接关系到公共产品成本的高低，而且会影响政府采购这些公共产品的决心和信心。所以，公共图书馆在为社会提供公共产品时，实际上涉及整个图书馆计划、管理的全过程，即经营。公共图书馆向社会提供的公共产品是否质量合格、适应需求，是否以最小的成本提供更多更好的产品，这不仅要有"出售"的观念，也要有计划和管理的观念，即必须有一种经营的理念。

4. 公共图书馆其他业务的经营

公共图书馆除了一些传统的业务之外，其实还有许多功能和职能，但就某一个公共图书馆而言，并不全部提供这些服务或产品。财政在安排公共图书馆经费时，也不会按照公共图书馆的全部功能进行预算。因此，公共图书馆不太可能免费向社会提供五大功能的全部服务。然而在计算机和网络技术高度发达的今天，公共图书馆已经不仅仅是一个藏书和阅览中心，它是一个文化活动中心，也是一个实实在在的信息中心，不仅有大量的纸质文献资源，也拥有海量的数字资源，有公开信息，也有非公开信息，这是一般部门、单位和企业所不具备的优势。而且，公共图书馆职能范畴中某些功能确实具备了产业化运作的各个要素，所以，公共图书馆确实能够对某些职能和项目开展产业化运作。一般的公共图书馆均设有报告厅、展览厅、培训场所，同时，图书馆是最适合开展文化信息业的单位，简单地向社会提供信息是一种做法，有目的地、有针对性的向某个特定的企业或行业提供信息服务，并且获取一定的经济效益是另一种做法。在一般情况下，公共图书馆新开展的一项业务活动，如果既要付出成本，又没有收益，是很难长期坚持下去的。因此，有经济效益，是长期开展这种新业务的重要支持之一，也是能否很好地获取社会效益的体现，如果受益人不能认可公共图书馆的收费，或者是价格与价值背离，或者是公共图书馆的产品没有需求和市场，社会效益也就无从谈起。对这些业务，我们必须运用经营的理念，挖掘资源上的潜力，培育市场，运用市场规律，开展我们的经营。一种图书馆的业务，既可以做成纯公益性的东西，也可以做成是纯商业性的东西，关键看我们怎么定位和挖掘。公共图书馆的信息推送业务，可以免费向社会提供，也可以向受益者收费，如何界定？如果提供的服务（产品）是全体（或绝大多数）读者均可受益的，应该免费；如果提供的服务（产品）只能由个体和一个特定的群体享用，则应该收费，这种收费的目的，是使公共图书馆的服务和产品（包括公共产品和商品）的生产和再生产进入一个良性的循环。

综上所述，公共图书馆由于绝大多数均由政府主办，所需经费均有政府投入，因而掩盖了公共图书馆需要经营的实质，但实际上不管其提供的是公共产品还是一种商品，均需要从不同的角度来加以经营，而经营的目的，首先是提高公共图书馆公共产品的社会效益,其次可以降低服务和产品的成本,提高其经济效益,再次可以通过一些项目的开发,既提供服务又获取一定的收益,并且把这些收益再投入到为读者服务中去。正如李长春同志所说:"在坚持正确导向的前提下,经济效益越高,社会效益越实在。"如果我们不从提高经济效益着手,不对公共图书馆加以经营,我们最终降低的不仅仅是经济效益,还有社会效益。

他山之石　可以攻玉*
——参观北欧图书馆随想

8月的北欧昼长夜短，气温宜人。我们为参加国际图联大会，搭乘北欧航空公司的SK998航班赴挪威奥斯陆。国际图联大会后，我们参观了一些北欧图书馆，其中有奥斯陆公共图书馆、斯德哥尔摩公共图书馆、丹麦皇家图书馆以及一个社区图书馆。

北欧是图书馆事业发达的地区，图书馆遍布城市、社区，形成了一个科学规划、合理布局、资源共享的图书馆网络。如奥斯陆公共图书馆，是由15个分馆、一些社区图书馆、一辆大巴——流动图书馆组成，而且正在市中心建造一个中心图书馆。北欧社区图书馆的密度很高，我们在哥本哈根就餐的餐厅边上就有一个社区图书馆。我们参观了一个离哥本哈根市中心有12公里的社区图书馆，200平方米左右，4万—5万册的藏书，建在一幢居民楼中，利用三套住宅打通而成。该社区约有18 000居民，而工作人员告诉我们，在这样一个社区，应该有三个这样的图书馆或图书馆面积扩大三倍，但一时找不到合适的房子。

---

* 本文刊登于《新世纪图书馆》2005年第6期。

除丹麦皇家图书馆是一个全新的建筑外,参观的其他三个图书馆的建筑均比较陈旧,但内部装修完好。设备上,包括社区图书馆,均配有自动借书、还书系统,自助式复印机,计算机查询、电子阅览等。除社区图书馆外,大部分阅览室的层高都很高,沿墙四周布置书架,有两层、三层甚至四层的,建筑顶部只安装很少的灯具,但书架上有灯、阅览桌带台灯,因此,照明相当节省。北欧图书馆的硬件建设充分体现了以人为本,大到建筑、装修,小到一个周转书架的摆放,都非常有讲究,但绝不奢侈浪费。阅览室内的布置和摆设似乎随心所欲,但却是经过精心安排的,这些看似随便布置的东西,一是绝不会对读者有所妨碍,二是都布置在读者需要的地方。在少儿阅览室,安排了一些非常小的阅读空间,便于家长指导小孩阅读而不影响其他读者;少儿阅览室的书架设计,非常适合小孩使用,为便于小读者装书,配有藤制篮子。这种人性化的考虑非常周全。

各图书馆均只有一个出入口,配备门禁系统,进入后各阅览室随意出入,因此,北欧图书馆工作人员的主要工作是咨询,为读者解决使用图书馆资源中的问题。每个阅览室均有简单的服务台(咨询台),但工作人员很少坐,都在读者身边,或指导读者阅读,或提供咨询服务。整个图书馆能够看到的工作人员不是很多,年龄也偏大,如我们在斯德哥尔摩和奥斯陆参观的图书馆都有4 000~5 000平方米,但能看见的都只有十来名工作人员。后来了解到,能直接为读者服务的工作人员,均有一定的水平和资历,要能够全面掌握图书馆专业知识和其他相关学科知识,不然,没有资格直接为读者提供服务。

在北欧图书馆看到的读者(除少儿读者),要么借一大堆书，要么是查找资料、解决什么问题，很少休闲式的泡图书馆，因而读者知识层次较高。这一方面对馆员的学识、能力提出了较高要求，另一方面使图书馆管理较为简便。北欧图书馆除珍本阅览室实行闭架阅览外，其他均允许读者带包进入，而不用寄存，他们如何来解决图书的安全问题？这一直没有问清楚。我认为一是社会诚信度高，二是在制度上比较完善。北欧图书馆一次可以外借许多册图书，读者对自己在图书馆的行为必须要有诚信，譬如读者没有在规定的时间内还书，且没有办理续借手续，图书馆首先是催促，同时计算罚金，逾期 31 天后该读者将被没收押金，并取消借书资格，由于图书馆联网，并且读者以身份证号码为借书号码，所以这个处罚很是严厉。另外，图书馆有许多资料如地图等都免费赠送，我们每参观一个图书馆，均取得当地的地图。据了解，北欧人均每月使用一次图书馆，如奥斯陆公共图书馆，平均每天接待的读者超过 8 000 人次。在外借中，文学类图书只占外借册次的四分之一弱，如奥斯陆公共图书馆 2003 年全年外借 489.94 万册，其中文学类图书为 118.94 万册。*

　　北欧图书馆的工作人员均有较高素质，这不仅表现在图书馆专业水平，也体现在图书馆中的工作人员的服务整齐划一、规范有致、紧张有序，他们始终以读者服务为第一，即使在与我们交流时，只要有读者需要提供服务，他们会有礼貌地让我们等待，先解决读者的问题。有读者对我们照相提出异议，他们一方面向读者打招呼，另一方面对我们说，可以拍摄工作人员，但不要去拍摄读者。他们永远不停地寻找需要服务的对象，我走过一个工

---

* 数据均来自参观时获取的资料。

作人员身边时对她看了看，可能看的时间稍长了一点，她就问我是不是需要帮助？当她明白我想了解她所在图书馆的一些数据时，马上在电脑上进行查询，并为我打印了一张，并歉意地告诉我："没有找到去年的数据，这只是2003年的一些情况。"可惜，这个资料是当地文字的，至今还未完全译出。在丹麦皇家图书馆，一名在预约外借服务台的工作人员向我招手，经过指手画脚的交谈，我才明白：她看见我的同伴所取的资料不是英文的，她能够为我找一些英文版的介绍资料，问我是否需要。我愉快地接受了她为我查找的英文资料，并向她表示感谢。

北欧图书馆事业的发达，我早有耳闻，也有心理准备。尽管这次对北欧图书馆的参观是走马观花，但管中窥豹、小中见大，对我有深刻的触动，使我内心产生一种不安。记得2003年在柏林参加69届国际图联大会时，也参观了一些西欧的图书馆，好像并没有使我有这样的感觉。这个问题一开始对我是个困惑，但后来我回忆了在2003年参观西欧图书馆时的一些细节，明白了其中的原因：那年我刚到图书馆工作不久，对图书馆工作的理解还相当浅薄，参观时主要留意建筑、硬件、设施、设备，忽视了对他们工作、服务的观察，而苏州图书馆在硬件上，与国外图书馆的差别并不大，因而也就心安理得；这次参观，我已经对图书馆的工作和服务有了比较深刻的理解，我的观察是以工作和服务为主，马上产生了不一样的感觉。有了这个认识，使我内心更加不安。2003年在德国曾遇到李华伟先生*时有一个简短的交谈，我请教他：国内图书馆与国外图书馆的差距在什么地方？他回答我说：

---

* 李华伟先生时任美国国会图书馆亚洲部主任。

在硬件上没有多大的差距，主要是人素质上的差距，包括读者和馆员。现在回味这句话又有了更深刻的认识和理解。

苏州图书馆一直想在以前的基础上继续有所提高和发展，能够不断实现自我超越，因而从去年开始，研究、制订了《苏州市城区图书馆网络建设方案》，并于今年上半年正式上报市政府，设想按照与国际接轨的模式，在全城区建设以总馆分馆形式、统一服务规范、资源共享的图书馆网络。市里领导十分重视这个方案，已经对方案提出了一些需要完善的意见，并将在适当时候进行论证。我们在馆内进行方案研究时有过这个的共识：如果按照方案建设图书馆网络，我们需要一大批能够使图书馆网络统一规范运作的人才，我们的管理机制、工作重心、业务流程、运作模式等需要有一个很大的变化，包括如何管理、信息反馈、资源调配、服务指导等，我们的采编部需要极大地提高采编效率，技术部需要提供全部分馆的技术维护和支持，辅导部需要全面了解掌握分馆工作情况和读者情况，对分馆工作人员进行业务培训和辅导，其他相关部门需要为分馆调配资源等，而我们的人员编制不可能会有增加。这些，我们如何应对？我们为读者提供什么服务？服务定位在什么档次上？一句话，我们是否能够胜任，每一个馆员是否能够胜任，我们是否已经做好了准备？

苏州图书馆的硬件，除了缺少自动借书、还书系统，其实与北欧图书馆的差别不大。但在观念、馆员素质、服务等方面又确实存在着很大的差距。譬如我们在机制上，干部职工职称越高，离读者越远，远离读者搞研究、搞管理、做学问，与北欧图书馆始终把最优秀的馆员放在第一线为读者服务的做法正好背道而驰，这造成了馆员个人的学习在方向上、动力上的偏差，另外也缺乏了不断学习的压力,这与其说是机制上的问题,还不如说是理念上的错误。我们还没有真正确立起为读者服务光荣,有本领的人才可以为读者服务的观念。我们的导向,也还没有引导干部职工树立既要有学历、有职称,更要有真本领,有为读者服务和奉献的精神、良好的职业道德和服务水准的观念。我们的考核还没有以工作技能、服务态度、服务质量、工作绩效为尺子,并把这根尺子作为职称聘任、职务升降、收入高低的标准。这些问题有些是馆员个人的,但总体上来说,主要是体制上、机制上、理念上的。

消除这些差距,需要10年,还是20年的时间?很难说。北欧图书馆以人为本的服务理念、规范一流的服务水准,主要得力于具有一大批高素质的馆员,同时在其背后,有一个良好的理念和机制,这可以给我们以许多启迪。幸好,苏州图书馆已经完成了人事和分配制度改革,这就为单位的进一步发展构筑了一个新的基础。最近,我们又明确提出继续持久地开展创建学习型单位活动,并进一步在制度上、分配上加以完善,鼓励干部职工组建知识团队,在工作中学习、在学习中工作,开展机制创新、管理创新、制度创新、技术创新、业务创新、流程创新、服务创新,不断学习、不断提高,全心全意为读者服务。

通过学习和借鉴,树立正确的服务理念,创新我们的机制,激励干部职工不断学习、不断进取,提高自身素质,进而增强为读者服务的本领,改善我们的服务,能够为社会、为读者提供适应时代要求的图书馆服务,把苏州建成读书人的天堂。这既是本文的目的,也是苏州图书馆的生存和发展之道。

从苏州市公共图书馆事业的建设与发展而引发的一些思考[*]

图书馆制度与义务教育制度一起"被称为是支撑着现代政体有效运行、现代社会和谐发展的两大基石"[1]。随着现代图书馆理念在业界的不断深入,这在业界内正在逐渐被认识,但在社会上可能知之者甚少。因而,就全国而言,图书馆事业发展的步伐并不很快。是观念问题?资金问题?重视问题?是图书馆没有作为的问题?对!主观和客观都存在着问题,有几个问题笔者认为是关键问题。

1. 领导重视的问题

有人在各种总结时往往会归纳三句话:领导重视、组织落实、资金到位。这被创作成小品、搬上舞台,被我们当作笑柄。然而我们是否认识到这真的是解决一些问题的重要规律?许多实践证明,领导重视确实是一个项目建设、一项事业发展的前提条件,这是由中国的体制决定的。这里不讨论领导重视是因为领导

---

[*] 本文刊登于《国家图书馆学刊》2006年第3期。

有水平而真正认识到图书馆事业的重要性、为老百姓办实事，还是要搞一点形象工程、树一点政绩。笔者认为前者当然最好，后者也无不可，其结果都是发展了当地的图书馆事业，都客观上为传播信息和知识、实现信息公平创造了条件。

业内不少人把改变图书馆状况的希望寄托在《图书馆法》的颁布上。固然，《图书馆法》的颁布实施，会是中国图书馆事业发展史上的一个里程碑，也会解决一些问题，但不可能解决全部问题，正如李国新教授一直反复所阐述的："中国图书馆的法律保障体系，不仅仅是一部图书馆的专门法，而是需要建立一种开放的、系统的，规范和引导相结合，自律和他律相结合，法治和德治相结合的法治观念，因而需要四个层面：图书馆专门法、图书馆相关法、图书馆行业自律规范、与图书馆活动相关的国际法或集团宣言。"[2] 所以，《图书馆法》的出台，不可能解决图书馆建设与发展的所有问题。试看教育经费，至今没有达到法律规定的占财政支出的 4%*，而且也没有办法追究违法责任。颁布、落实、贯彻《图书馆法》，创造图书馆法治环境，还需要人，更需要领导重视。

一个地区的图书馆事业的发展，需要有一个起始、一个契机，往往是因为一届（甚至是某一个）领导高度重视的结果。苏州市图书馆事业的高速发展，从 1999 年苏州图书馆新馆开工建设，至 2005 年全市县级图书馆完成硬件建设，没有政府法规的规定，而是由苏州市委、市政府领导带头决定在全市最好的地块（原苏州市人大、市政府的办公用地）上建设苏州图书馆新馆，

---

* 原文如此，但有误，法律规定教育支出应占当年 GDP 的 4%。

在对选址有争议的时候，主要领导的一句"把老百姓的土地还给老百姓"拍了板，体现了领导对发展图书馆事业的认识、决心和信心，其结果不仅建成了一座集园林化、现代化为一体的地市级图书馆，而且发挥了强烈的示范作用，带动了各县级市图书馆的建设热潮，五个县级市的图书馆新馆在五年中全部建设到位，市县两级图书馆共建新馆近9万平方米，县级馆中最小的9 000平方米，最大的18 600平方米，总投资4.4亿元。2005年一市五县6个馆财政共拨款3 968万元，其中购书经费910万元。

2. 一个城市（包括县城）需要有一个中心馆

一个城市需要一个中心图书馆，而且可能会是一个当地的标志性工程。学术界对建设较大体量的公共图书馆特别是县级图书馆进行过一些批评，认为应该节省出一部分钱来建设乡镇（社区）图书馆，构建图书馆网络，方便读者，充分发挥公共图书馆的社会功能。如果领导有这样的意识，能够合理利用资金，一步到位地构建图书馆网络固然好，但事实上不太可能，这种要求超越了现实。因此，我们不能急功近利，一定要领导也按照我们的想法，毕其功于一役。应该看到：一个地区公共图书馆事业的发展，有一个过程，一般总是从建设地区的中心馆开始的。建设社区、乡镇图书馆需要有一个中心馆来示范，从一个地区图书馆事业的发展来看，也需要有一个中心馆来带动本地的图书馆事业发展，不管是资源共享、规范服务、节省运行经费等角度来看，总馆—分馆形式的图书馆网络建设需要有一个中心馆，在行政、技术、资源调配等方面给予全方位的支撑，社区、乡镇图书馆如果离开了中心馆的支撑不可能长久生存。苏州市1985至1995年间曾经乡乡镇镇都建成了万册图书馆，但由于缺乏图书馆网络机制，没有中心馆的支持和支撑，既不能保证定期有新书补充，又无法实现资源共享，1995年后逐步萎缩，被读者所冷落。另外，地区间的经济、社会发展水平参差不齐，在条件较好的地区，把中心图书馆建设得大一点、漂亮一点、现代化程度高一点，对发展图书馆事业并无不利之处。对此，我们应该表示欢迎，并积极加以鼓励，不因图书馆建得超了一些规模、建筑有些豪华等而随意批评，影响了积极性。

随着图书馆事业在一个地区的不断发展，总会逐步构建起本地区的图书馆网络，这是经济发展和社会进步的需要，是衡量投入产出的需要，也可以认为是一种经济规律，是不以人们的意志为转移的。因为条线的分割、财政的分灶，有些地方一时无法做到，走了一些弯路，但最后还会重新整合。这时，就需要一个有一定规模、人才、设备、辐射能力等条件的图书馆来担当起中心馆的角色。所以，现在建设时稍微超前一点，对今后发展图书馆网络将会体现出优越性。苏州市目前正以市、县两级图书馆（不包括区级图书馆）为总馆来建设区域性的图书馆网络，如果没有各个县级图书馆的规模效应和现代化技术装备，是不可想像的。

3. 创造性地开展工作，有作为才能有地位

图书馆硬件建设的是否到位、财政拨款充足与否永远只是个相对的概念。因此，不管硬件条件好坏、拨款是否充盈，我们都

必须确立现代图书馆服务理念，想方设法改善服务，开展丰富的读书活动，确保旺盛的读者人气，竭诚为当地的经济建设、社会发展提供尽可能好的图书馆服务。只有确立有作为才能有地位的观念，克服等、靠、要，创造性地开展工作，变被动为主动，做出成绩，用行动和业绩来证明图书馆的作用，才可能确立图书馆的社会地位，加速图书馆事业的发展。苏州图书馆在 2005 年上半年正式向市政府上报《苏州市城区公共图书馆网络建设方案》，在政府还没有决定实施的情况下，主动与沧浪区政府开展合作，在沧浪区开展社区分馆建设，并且立足于图书馆事业发展的角度，眼光放远，不为眼前利益所动，使沧浪区政府以较小的投入购买到了苏州图书馆的服务，实现了较大的社会效益，大大调动了区政府的积极性，主动提出在 2006 年再与苏州图书馆合作建设三个社区分馆，并被列为苏州市 2006 年政府实事项目，这将会有助于苏州市政府树立起建设全市的图书馆网络的信心和决心。另外，通过为领导、企业提供及时、适用的信息，赢得了领导的赞誉、企业对图书馆事业的理解和支持，也得到了一些企业对图书馆服务活动的资助；通过提供良好的图书馆服务，保持了旺盛的读者人气，使图书馆的地位被社会认可；开展广泛的公益性活动和读书活动，在社会上赢得了良好的口碑。这些是图书馆争取政府投入和社会支持的最大筹码。在中国目前的体制下，自由裁量权还大量存在于政府部门中，我们无力也无法去改变，但我们应当为发展图书馆事业而去充分利用。一般来说，财政预算与财政决算的不一致是绝对的，预算时也会留有一些机动财力，而到预算年度终了时，结余财力必须要安排出去，这时是自由裁量权最大的时候。现在的资金管理部门（包括财政、计划、宣传等）也十分讲求财政资金的使用效益,并不会仅凭关系随便拨款。如果图书馆已经把成绩做在那里了,这时他们只要把资金拨给图书馆,图书馆取得的成绩也就是资金管理部门的资金使用效益。所以此时只要图书馆稍加争取,他们又何乐而不为呢?苏州图书馆许多活动专项经费都是依靠先做出成绩再争取追加而来的,而且一旦追加成功,有的就会变成年度的经常性专项经费,这对扩大图书馆年度预算基数盘子大有好处。苏州图书馆年度财政拨款(不包括购书经费)2003年为800万元,2004年为1 034万元,2005年达到1 233万元,每年有较大幅度增加;2004年起,每年还有一些机构和企业对我馆的公益活动进行定向资助,而且有不断增加的趋势,都与上述的做法有很大的关系,形成了服务、经费、更好的服务、更多的经费这样一种良性循环。这样的观念,也符合政府购买公共服务和公共产品的新理念。因为所谓购买,是一种即时的等价交换,出售方提供的应该是完成了产品(商品),而不是一种预期。关于政府购买话题,笔者将在另文专门阐述。

4. 加大宣传力度

公共图书馆的建设,是资金的问题,更是领导的认识问题。所以,我们应该大力宣传公共图书馆在建设现代文明、经济和社会发展、构建和谐社会中的作用,这非常重要。这一方面需要各个图书馆在当地作出努力、做出成绩,与媒体搞好关系,利用电视、报纸、电台、网站等一切手段,对开展的活动、取得的成绩、赢得的荣誉等进行多方位的宣传报道。从苏州图书馆开展公益活动的经验来看,受活动时间、场地等制约,能参加活动的读者总是少数,不能形成大的社会影响,但一经策划和宣传,如果再制作一些活动的后产品让更多的人可以享受服务,那么影响会成十倍、百倍地扩大,社会上会都知道图书馆在为大家提供服务。最近苏州市委宣传部的一位领导对笔者说:"你现在的影响很大,领导和老百姓都认识你、知道你,这与你今年正月初一搞的活动关系很大。"而事实上苏州图书馆每年在农历正月初一都举办读者活动,准备一些小礼品由馆长赠送给读者,迎接新年的第一批读者,仅仅因为今年活动的宣传工作准备得充分,因而在报纸、电视、电台等进行了全方位的宣传报道,使得影响比往年大了许多。因此,从某种程度上来说,宣传的意义有时会超过活动本身。

图书馆事业的宣传还应该在全国有组织地开展。利用一切媒体和手段,宣传图书馆事业在社会发展中的地位和作用。如搜集各个图书馆的服务成果,在社会发展中作出的成绩、贡献和事迹,树立一些先进典型。建议文化部(或国家图书馆、中国图书馆学会)设立专门奖项,对图书馆事业建设和发展中作出突出贡献的领导、政府官员、企业家进行表彰,授予荣誉,并开展有组织的宣传报道,制造声势,这将有助于其他领导提高认识,进而推动全国图书馆事业的发展。

需要说明的是:本文不是学术论文,仅是一种思考、一种工作交流,或者称为信息共享。可能有人认为笔者身处经济较发达地区,站着说话不腰痛。其实大有大难、小有小难,困难的大小、经费的充裕都是相对的。就笔者本人认为:图书馆事业在社会发展中的地位非常重要,否则不可能有这么多人(包括本人)

为之奋斗，但由于其效益在短期内并不能显现，因而并不容易真正为领导所重视、为社会所理解，这就是我们必须创造一切条件、有所作为的原因。如果一味地等、靠、要，耽误的不仅仅是图书馆事业，还有我们自己。

参考文献

[1] 李国新.图书馆制度是支撑社会和谐发展的重要基石[N].人民日报，2006-01-13(16).
[2] 李国新.图书馆法治建设课程讲义.2005,10.

人民的图书馆：公共图书馆向基层延伸的模式研究*

我国公共图书馆服务向基层延伸的起步，可以追溯到20世纪二三十年代。据苏州图书馆档案记载：1935年10月，苏州图书馆已经拥有两个分馆、七个巡回文库、一辆流动图书人力三轮车。八九十年代，在各地党委、政府的支持下，各地图书馆大量开展服务延伸的探索，建起了许多乡镇、街道万册图书馆。但早期单独设置和运行的乡镇、街道图书馆因缺乏统一管理、资源共享和长效运行机制，又没有相应的政策支撑，到90年代后期就逐步萎缩，或艰难维持。

近几年来，各地图书馆重新开始了服务延伸的旅程，从便利读者、规范服务、统一管理、资源共享的理念出发，通过建立馆外流通点和流动图书车等形式把图书馆的服务延伸出去，还有一些地区进入了更高级的阶段——构建公共图书馆服务网络阶段，突出的有北京公共图书馆服务网络、上海中心图书馆一卡通、天津的延伸服务、广东的流动图书馆、深圳和东莞的图书馆之城、

---

* 本文刊登于《图书馆建设》2007年第6期，是笔者与南开大学于良芝教授联合承担的中国图书馆学会《图书馆服务网络构建研究》课题的成果之一，亦是2007年中国图书馆学会年会主旨报告之一。

佛山的联合图书馆、杭州的一证通工程以及哈尔滨、厦门、苏州的总分馆制等,有政府主导,有自加压力,形成了许多做法和经验。尽管开展的地区很多,但就全国范围而言,总量还是很小。为了弄清各地在开展服务延伸上的做法,梳理出各种模式的核心内容、优点和不足,便于其他地区今后开展服务延伸时参考和借鉴,中国图书馆学会于2006年底设立和资助了"图书馆服务网络构建模式研究"课题,由南开大学于良芝教授与笔者共同主持。课题组先后对百余所图书馆进行了电话访谈,对北京、天津、上海、广东、浙江、江苏等地区进行了实地考察。本报告是课题成果的主要部分。

1. 现有服务延伸的各种模式划分及简要分析

本课题的电话访谈和实地考察显示,由于全面的服务延伸(特别是以网络为基础的服务延伸)目前还处在起步阶段,并且缺乏成熟的模式可资借鉴,因此,各地在探索的过程中就形成了纷繁复杂的做法;不仅如此,一个地区常常同时采用几种甚至所有可能的构建方法。在这种情况下,要针对地区来总结延伸模式——即试图回答A地属于哪种模式,B地属于哪种模式——几乎是不可能的。课题组根据电话访谈和实地考察的结果,最后决定针对图书馆服务延伸的具体操作方法进行总结,即试图回答"目前图书馆界共存在哪些类型的服务延伸"以及"某地区的图书馆采用了其中哪些类型"的问题。以此为依据,课题组共得出三大类10种模式。这三个大类分别是区域性网络模式、总馆/分馆模式、流通点模式。

(1) 区域性网络模式

近年来出现的区域性图书馆网络与以往的图书馆合作网络的最大区别在于，以往的网络是图书馆内部的业务合作网，而今天的图书馆网络则是直接面向用户的服务网，它把跨馆利用资源的权限直接交给用户，使得网内任何一个图书馆都可以通过网络将服务的触角直接延伸到最基层的用户。正因为如此，近年来出现的图书馆服务网络形态同时也构成了图书馆服务的延伸模式。此类模式再可分为三种：

① 一卡通借模式

指一个地区的图书馆在一定的协调组织和计算机管理系统支持下，组成由三级或四级图书馆（市、区县、街道/乡镇、社区/村图书馆）共同参与的网状行业管理结构；读者用一张借阅卡可以到网内任何一个图书馆（节点）借阅图书，但需将所借图书归还原馆。典型的有2007年5月前的北京公共图书馆服务网络。

这种模式的成因，是服务网络内的成员馆原有基础条件较好，有各自的资源和技术平台。由于在资产上区分非常严格，为求得管理上的方便而放弃通还服务；另外是在技术上可能存在问题，有的服务网络内各个图书馆使用的管理系统不同，在现阶段还无法兼容，读者库、书目库通过网络协议进行共享，但对文献产权归属无法管理。

由于无法实现完全通借通还，服务网络的服务效率还没有得到充分发挥，是一种过渡模式。

② 一卡通借通还模式

指一个地区的图书馆在一定的协调组织、计算机管理系统和物流系统支持下，组成由三级或四级图书馆（市、区/县、街道/乡镇、社区/村图书馆）共同参与的网状行业管理结构，读者用一张借阅卡可以到网内任何一个图书馆（节点）借阅图书，且可以将所借图书归还网内任何一个图书馆。这种模式中，主要有上海中心图书馆一卡通、杭州一证通工程等。

这种模式的核心是图书馆联合或联盟的资源共享，并通过通借通还实现了方便读者的目的。但在这种模式下，存在着文献资源产权上的关系问题，上海中心图书馆运用了"浮动馆藏"的概念，从而使通借通还服务比较彻底；但有的会形成"馆中馆"，凡形成馆中馆的，是在成员馆中设立一些通借通还专架，而馆内的其他资源不能通借通还。

可以看出，这种模式下的服务网络，并不完全相同，对文献资源产权问题上的解决方法不同，就形成了不同的结果。

③ 分层通借通还模式

指一个地区的图书馆在一定的协调组织、计算机管理系统和物流系统支持下，组成由三级或四级图书馆（市、区/县、街道/乡镇、社区/村图书馆）共同参与的网状行业管理结构，读者用一张借阅卡可以到网内任何一个图书馆（节点）借阅图书，同时可以在一定范围（如一个区）内通借通还任何图书馆的图书。采用分层通借通还模式的有深圳图书馆之城、佛山市联合图书馆等。

这种模式的形成是由于原来各级图书馆基础尚好，所以采用了多级结构，形成了几个层面，而且至少在每个区中都有硬件、管理、技术、资金等较好的区级图书馆，同时街道图书馆也都具有一定的开展服务的条件，所以，完全通借通还在区这个层面中可以实现，但在总的网络内，只能实行有限通借通还。造成这种模式的因素主要还是文献资源的产权归属问题，同时也有技术上的问题。

(2) 总馆/分馆延伸模式

在我国，所谓的总/分馆模式是指一个区域中的图书馆群，以其中一个图书馆为核心作为总馆，其他图书馆处于从属地位作为分馆，在行政上隶属于总馆，或在业务上接受其管理，并存在着资源上的共享、服务上的延伸等关系，而形成的区域性网状服务模式。我们根据各地区的做法分成五种模式：

① 自下而上的全委托模式

指一个总馆与其分馆之间通过协议建立的、按以下模式运行的图书馆服务网络：分馆将双方认同的一定数额的年度购书经费和人员工资委托给总馆使用，总馆按双方认同的书刊数量、人员数量和资产管理办法为分馆配备藏书和人员，负责开放；分馆按双方认同的标准同意将图书的资产权临时（在协议期内）转让给总馆，保证分馆运行所需的设备、场地和其他工作条件；读者用一张借阅卡可以通借通还总馆和任何分馆的图书。采用这种模式的有厦门、哈尔滨、苏州、嘉兴等的"总/分馆制"。

这种模式是在没有政府主导的情况下，图书馆自行开展的服务延伸。由于原来基础条件较差，委托给总馆管理的分馆往往是新设立的街道、社区图书馆，这会增加当地的图书馆数量。另外，自下而上的全委托模式往往只有两层结构，管理扁平。文献资源的产权使用了"动态资产权"概念，实现了完全通借通还，技术上、管理上都较为简便。其不足是总馆压力比较大，需要在人员、资源、技术、管理等方面有充分的准备。

② 自下而上的半委托模式

指一个总馆与其分馆之间通过协议建立的、按以下模式运行的图书馆服务网络：分馆将双方认同的一定数额的年度购书经费委托给总馆使用，总馆按双方认同的书刊数量和资产管理方法为分馆配备藏书，分馆按双方认同的标准保证图书馆运行所需的设备、场地、人员和其他工作条件，并保证按时开放；读者用一张借阅卡可以通借或者通借通还总馆和任何一个分馆的图书。这种模式在许多地区存在，如天津阳光100社区图书馆。对分馆来说，共享了总馆的资源；对总馆来说，提高了资源的利用效果。

这种模式与上一种模式的区别在于分馆的人员管理权不属于总馆，因此称为半委托，由此造成的差异有时却十分巨大。由于总馆无法实施对分馆真正的管理，总分馆之间的服务往往存在较大差异，除了文献资源上共享外，总馆的其他服务通常无法延伸到分馆，分馆所能提供的图书馆服务比较有限。

③ 自上而下的半委托模式

指一个地区的地方政府以文件或其他形式将支持该地区基层馆建设的经费委托给某中心图书馆使用，并责成中心馆为下一级图书馆配备资源，实施业务管理和协调服务，从而在中心馆与下一级图书馆之间形成具有业务隶属关系的图书馆服务网络；总馆为分馆配备的资源产权属于分馆，读者用一张借阅卡可以通借或通借通还总馆和任何一个分馆的图书。采用这种模式的有东莞图书馆之城、北京西城区、东城区、崇文区的总／分馆制。

这种模式由政府主导，分馆的建设经费和运行经费较有保障，由于原来分馆（如街道馆）有一定的服务能力，所以，政府下拨的经费所形成的资产归属于分馆。这种情况下，由于一个网络中的资源产权分属各馆，在资源流通中也存在着产权归属问题，不便于形成完全通借通还。另外，分馆的管理也不是总馆的职责，总馆难以将其所有服务延伸到分馆。

④ 自上而下的全委托模式

指一个地区的地方政府以文件或其他形式将支持该地区基层馆建设的经费委托给某中心图书馆使用，并责成中心馆为下一级图书馆配备资源，实施业务管理和协调服务，从而在中心馆与下一级图书馆之间形成具有业务隶属关系的图书馆服务网络；总馆为分馆配备的资源产权属于总馆，总馆可以在基层馆之间调配其配备的资源，使其在基层馆之间流动；流动的馆藏构成中心馆的流动分馆，同时构成基层馆的"馆中馆"。典型的有广东流动图书馆，深圳福田区的总/分馆制、佛山禅城区联合图书馆也归入此类，但三者在内容上有较大的差异。

这种模式也由政府主导，在产权上明确归属于总馆，使得总馆可以对资源按照需求进行调配。在这种模式下，有的地区是把分馆完全纳入总馆管理（如深圳福田区、佛山禅城区），实行了统一管理，是一种比较理想的模式。也有的是分馆相对独立，凡相对独立的就会形成"馆中馆"，以一个专门借阅室或借阅专架的形式存在，"馆中馆"与"所在馆"在资源和服务上会形成鲜明对比，这对于带动"所在馆"的建设、发展以及服务质量的提升有较大作用，但同时，由于存在"馆中馆"，读者需要办理两张读者证，才能分别借阅不同的馆藏资源。

⑤ 完全分馆式

指一个图书馆投入一部分图书、设备、人员，在本馆之外另外开设新的分馆,总馆与分馆之间统一发放借阅证,读者用一张借阅卡可以享受总馆和任何一个分馆的服务。咸阳市、厦门市、杭州市等建立的部分分馆就采用了这种模式。

这种模式是彻底的总分馆制,有些地区在建设图书馆新馆后,将老馆留给图书馆作为分馆,大多数均如此形成。而在没有政府主导的情况下,以目前图书馆的力量要投入场地、设备、图书、人员等来建设一个全新分馆,可能性并不大。如果政府主导,进行投入,则就成为一种十分理想的模式。

(3) 流通点模式

此模式也分为两种:

① 固定流通点

流通点模式是一个图书馆依托本馆之外的另外一个机构(例如文化站、养老院、社区活动中心等),利用其场地和人员,为流通点附近的读者提供本馆图书,并定期更换点上的图书,其目的是将图书馆藏书置于更接近读者生活的地方,促进藏书的流通。与上文的服务网络模式不同,流通点一般不支持一个点上的读者去利用其他点上的藏书。

流通点中的高级形式是: 图书馆依托本馆之外另外一个机构的场所和人员,向读者提供本馆的部分藏书和联机公共目录终端,以便读者通过联机终端办理这部分藏书的外借手续和预约本馆其他藏书。

这种模式可以说在各地或多或少地存在,比较有代表性的有北京石景山图书馆的部分流通点、天津和广州的部分社区分馆。由于流通点一般只提供该流通点文献资源的借阅,读者能够享用的资源有限,且工作人员一般都是兼职,读者也无法享受到专业的图书馆服务。只起到促进藏书流通的作用。

② *汽车流通点*

汽车流通点是借助流动图书车,根据图书馆设置标准制定的规划和用户需求,在远离图书馆或交通不便的人口聚集区域定期提供服务的一种形式。随着计算机网络技术的发展,流动图书车一般均在服务上实现了通借通还,超越了当地固定流通点的便利程度。目前开展流动图书车服务的有首都图书馆、广东省立中山图书馆、天津图书馆、广州图书馆、东莞图书馆、深圳的几个区图书馆、杭州图书馆、苏州图书馆、青岛图书馆、济南图书馆、哈尔滨图书馆等。

一般情况下,一个地区的图书馆服务总会存在一定的服务盲区,而流动图书车则是图书馆服务网络的有效补充,借助计算机网络技术、特别是无线上网技术,可以使流动车与总馆在技术上连结起来,实现通借通还,并开展预约借书,与早期的流动图书车已经不可同日而语,是真正流动的图书馆。从实地调研的情况来看,流动图书车均发挥出了较高的服务效率。

2. 图书馆服务向基层延伸的成果

尽管各地构建模式不同,也存在着许多可以改进和完善之处,但从调研结果看,图书馆的服务延伸确实发挥了资源共享、方便读者的作用,特别是以"一卡通+总/分馆"形式存在的图书馆服务体系,更是将区域内各级各类图书馆构建成了方便读者、统一管理、规范服务、资源共享、通借通还的服务网络,能够逐步形成一个地区图书馆服务的基本覆盖，极大地方便了市民的学习和信息获取，也使社会信息公平成为可能。我们将其成果罗列如下：

（1）充分体现了公共图书馆的公益性和普遍均等的公共图书馆服务。

（2）社区分馆贴近百姓，方便了读者，很受读者欢迎。

（3）图书馆个数明显增加。

（4）一批图书馆因此焕发出新的生命力。

（5）提升了基层图书馆的业务水平和服务能力。

（6）持证和到馆读者数明显增加。

（7）各地不仅注重资源上的共享，还注重讲座、活动等服务的延伸。

（8）服务网络的构建使办馆成本下降。

（9）服务网络的建设与共享工程的建设融为一体。

（10）开发和使用了许多新技术、新手段，使管理水平和服务能力得到提高。

（11）创新了馆员的培训方法，壮大了馆员队伍，扩大了与图书馆相关的人群。

（12）服务网络的构建引起了各地政府和领导对图书馆事业的重视和支持。

总之，各地为构建图书馆服务网络做了大量的工作，而服务网络发挥出了应有的功能，取得了很好的服务成果和社会效益。

3. 影响图书馆服务向基层延伸的因素

服务网络的构建模式如此之多的原因，是当地社会大环境、图书馆小环境、技术支撑程度及图书馆领导层决策思路的综合结果。

(1) 图书馆服务网络建设的驱动力来源

从大的方面来说,服务网络建设的驱动力主要来自两个方面,一是政府主导、二是自加压力,或称为自上而下的驱动和自下而上的驱动。由于驱动力的不同,最后形成的结果就有很大差异。

政府主导是政府在公共管理上的觉醒和归位,为社会提供普遍均等的公共文化服务成为政府的自觉行动。当政府有了这种意识并把普遍均等的图书馆服务作为政府的职责时,它们就必然在"以最小公共财政投入获取最大社会效益,节省社会资源"的思想指导下,改变原来各级各类图书馆各自为政的管理方式,推动构建服务网络。正是在这样的背景下,出现了广东流动图书馆,深圳、东莞的图书馆之城,北京的图书馆服务网络,佛山禅城区的联合图书馆。在这里要说明的是,尽管政府有这种认识,表现出来的结果是政府主导、行政推动,但最初时图书馆都做了大量的工作,包括游说政府和领导、开展示范等。政府主导很少成为天上掉下的馅饼。

从地方政府的政绩观和满足人民群众基本文化需求的紧迫性出发,政府主导下的服务网络构建一般都会以一种非常快的速度推进,要求在较短时间内达到一定规模。这既有利于在一个较短的时间内构建起覆盖全区域的图书馆服务网络,但同时也使当地的中心图书馆以完成上级下达的任务为首要目标,造成在人员、资源、设备、网络、技术、管理等诸多方面准备不足,在重视数量时，往往只能先牺牲一些服务，这既成为许多地区的分馆无法实行通借通还的原因，也是形成多种模式的因素。

自加压力的地区不仅仅是图书馆职业理想和信念的彰显，还是一种向政府的示范：一方面显示图书馆服务网络在建设和谐社会中的作用，另一方面显示在建立覆盖全社会的图书馆服务体系成本最小化的优越性。各地实际情况的差别、馆长对图书馆服务网络理解的差异以及设定的目标的不同，形成了服务网络构建上的多样性。这就是为什么上海中心图书馆一卡通、杭州一证通、佛山联合图书馆、苏州总/分制都源自图书馆的自发行为但其模式却各不相同的重要原因。

自加压力的建设尽管属于图书馆界的自发行动，但在发展过程中往往会得到政府的支持。毕竟，图书馆服务是政府应该承担的责任，在图书馆进行示范并且显现出实际效果时，政府和领导往往会在权衡投入回报的基础上给予支持。在上海，虽然政府并没有以红头文件的形式主导服务网络建设，但给予了上海中心图书馆近千万元的启动资金；在杭州，通过图书馆服务网络示范，杭州市政府增加了杭州市图书馆的购书经费，并规定各区（县）图书馆的购书经费每年递增10%；在苏州，市政府已经连续两年把分馆建设列入了市政府的实事项目，并增加了苏州图书馆的购书经费，以增强总馆的实力。

如果政府长期缺位，自加压力式的服务网络构建能够走多远，就是令人担心的一件事，这不仅是因为合作双方都存在改变协议的可能，还因为在缺少制度约束的情况下，服务网络可能会因为一些不可控因素而出现波折，如领导或馆长的更迭可能带来该地区或该图书馆理念上的变化、资源分配天平的倾斜等。

（2）分级财政体制对图书馆服务延伸的影响

我国的分级财政体制对图书馆服务网络构建的影响十分巨大，对现有模式的形成可以说是起到了关键性的作用。由于财政体制的限制，各地在构建服务网络时首先要解决的问题是文献的产权问题。服务网络的核心之一是通借通还，而产权恰恰是制约通借通还最大的障碍。这就是有些地区不能实施完全通借通还或甚至放弃通借通还的原因。另外，一些部门把图书资源当作企业一般的固定资产加以管理而忽视其特殊性，也是制约图书通借通还的一个重要因素。如图书剔旧是图书馆的常规业务之一，但有些地区要求把剔旧图书的残值上缴财政，使图书馆无法将剔旧图书送到边远农村继续利用，反而降低了图书的利用率。

（3）图书馆领导层理念上的差异对服务网络构建的影响

不管是政府主导还是自发行为，在服务网络中占主导地位的都是中心馆。中心馆领导层在服务网络设计上的不同决策，往往导致区域环境基本相同的服务网络走向不同的模式。如深圳图书馆之城和东莞图书馆之城，尽管名称相同，但实际的建设方式、管理形式、运行方式、技术支撑等都不相同。同在佛山，佛山市联合图书馆与其中的禅城区联合图书馆也不相同。佛山市联合图书馆是名副其实的图书馆之间的联合，没有政府主导；而禅城区联合图书馆则是由政府主导的总/分馆制。同样为解决文献资源的产权对通借通还的制约，广东通过设立"馆中馆"来解决，东莞、佛山通过技术开发来解决，杭州通过设立专架来解决，上海和苏州分别通过在理念上设立"浮动馆藏"和"动态资产权"概念来解决。从调研中可以看出，图书馆领导层决策思路上的不同就表现为设计服务网络时的目的、结构、管理、成本上的差异，也包括了对控制能力和服务能力的自信和判断。这些因素在很大程度上决定了一个地区图书馆服务网络构建上的特色。

（4）技术平台对服务网络构建模式的影响

原来的图书馆管理系统在开发时大都没有考虑到建设服务网络的需求，因此，几乎所有构建服务网络的图书馆都碰到了管理系统的问题。为解决这个问题，各地图书馆均花了很大的力气。北京、东莞、佛山进行了自主开发，上海、深圳自行进行了完善，广东省立中山图书馆、深圳宝安区图书馆则购买了新的管理系统，广州、杭州、苏州正在比较、选购管理系统。由于管理系统不适应服务网络建设，很多地区的服务网络无法实行真正的通借通还。深圳福田区目前共建有83个分馆，只有20多个可以实现通借通还，尽管没有说明原因，但按照福田区的建设模式，我们有理由相信，管理系统是最主要的原因。

（5）管理和服务是否统一规范对服务网络的影响

在一个区域性的图书馆服务网络中，读者享受到的服务应该是基本一致的，这就需要总馆与分馆，分馆与分馆之间能够统一协调，服务上规范有致。在服务网络内的成员馆中，一旦发生服务质量上的较大差异，读者就会向质量好的馆集中，并且向总馆投诉质量差的分馆。这样，普遍均等的服务秩序将被打乱，网络布局的合理性将不复存在。

(6) 总馆的服务向分馆延伸与否对服务网络的影响

通过图书馆服务网络提供的服务除了资源，还可包括图书馆的其他服务，如讲座、展览、培训、活动等。在一个服务网络中，如果只有文献资源上的共享而没有服务上的共享，分馆与总馆之间就会出现很大差异，使分馆的服务处于较低层次，读者就会选择总馆而放弃分馆，这将削弱分馆发展的生命力，从而制约整个服务网络的可持续发展。

(7) 区域范围对模式构建的影响

从调研中发现，凡大城市一般均采用区域性网络模式，反之则采用总分馆模式。由于大城市行政层次多，一般均借助原来的行政结构，以充分发挥各个层次的积极性。另外，按照管理幅度和层次的原则，总分馆的扁平结构，在一定的规模内表现出的优越性，会因为超规模而成为有效管理的制约因素。因而，北京、上海、深圳、杭州等采用区域性网络模式，而东莞、苏州、福田区、禅城区等采用总分馆模式，均是一种出于自身实际考虑的设计。

4. 图书馆服务网络构建需要注意的问题

通过调研，我们可以清楚地看出，以网络结构形态存在的图书馆服务体系，比单独存在的图书馆服务效率要高许多，其提高程度，可能会受到地域、规模、构建模式、管理方法、技术平台、资源共享程度等一系列因素的影响，也可以成为我们今后进一步研究的课题，但在方便读者、节省投资和运行成本等方面的优越性是不容置疑的，因而有着良好的发展前景，也会成为今后我国图书馆事业建设和发展的一种方向。为了保证图书馆服务网络的健康发展，以下问题需要引起图书馆和政府重视。

(1) 构建图书馆服务网络的根本目的

构建图书馆服务网络的根本目的是方便读者、规范服务、降低成本。因此在构建图书馆服务网络时要注意避免把形式当成内容，把手段当成目的，因而需要确立一些理念，其要点如下：

① 方便读者。不管是统一管理，还是通借通还，其最终目的是方便读者，进而实现信息公平，这既是构建服务网络的出发点，也是落脚点。

② 科学规划。服务网络的规划布局，需要科学合理，既不重复，又能覆盖。

③ 成本最小。采用何种模式既要考虑建设成本，还要考虑长期的运行成本的最小化。

④ 资源共享。只有资源共享，才能方便读者、成本最小。这也包括管理、标准、技术等的共享。

⑤ 统一管理。统一管理的目的是为了使服务网络各成员馆的服务规范一致。

⑥ 服务延伸。总馆的活动等向分馆延伸，这是资源共享的另一个方面。

⑦ 持续发展。模式的采用要有利于服务网络能够长期生存和持续发展。

(2) 设计理想的总/分馆制，寻求与当地实际情况相适应的构建模式

图书馆服务网络的构建会受制于地域差异、经济差异，因此，从理论上说，只要符合当地实际、有利于读者利用图书馆，任何模式都是可以的，但实际运作中，一些地区往往由于无法判断什么样的模式适合当地实际，什么样的模式有利于方便读者。为了给各地设计服务网络提供参考，我们根据最大程度满足读者需求、管理简便、服务规范、标准一致、以最小投入获得最大效益的原则，就总/分馆制提出一个我们认为比较理想的模式，不同地区可根据当地实际情况对这个模式进行调整。该模式有以下的要点：

① 在一个地区中有一个中心馆作为总馆；该馆应该是当地经济实力最强大，专业人才最多的图书馆，负责统筹、组织、指挥、协调。

② 科学制订服务网络的规划布局，制定统一建设标准，有统一的标识系统，按一定服务范围和服务人口相结合的标准进行网络布点。

③ 集中服务网络内所有成员馆的购书经费，由总馆集中采购和分编，书目数据集中在中央书目库。文献资源只有名义上的产权，全部由总馆管理、调配，直至剔旧。

④ 读者办理并使用统一的读者证，实行一卡通；分馆实行免证阅览和上网。

⑤ 实行真正的资源共享。文献资源上通借通还，数字资源在服务网络内全部共享，讲座、展览、培训、活动等延伸进分馆，

使用网上咨询平台，解决分馆读者的参考咨询。

⑥ 把共享工程基层点的建设结合进分馆建设中去。

⑦ 服务网络内各成员馆的工作人员由总馆派出，对具有相当规模的成员馆，总馆可只委派负责人（馆长）和业务骨干，把分馆的管理权集中在总馆手中。定期对分馆工作人员进行培训。

⑧ 服务网络采用统一的管理系统，成员馆与总馆之间采用VPN相连，成员馆中电脑上网（公网）可以通过总馆的服务器统一出口。另外可以采用远程监控技术和文献调配管理软件等，以方便管理。

⑨ 制订并执行统一的服务标准，服务网络内的服务质量基本一致。

⑩ 如能实行政府主导，则应该制定地方性法规或政策，突破分级财政的制约，由地市级政府集中市、区两级财政资金，统一拨付总馆，由总馆统筹安排使用。

⑪ 如暂不能实行政府主导，则总馆应该与分馆以书面协议规定双方的权利、义务，并力争实现对总馆的全委托。

(3) 由文化部或中图学会牵头解决计算机管理系统的问题

各地的服务网络建设在很大程度上受制于管理系统，不少率先开展服务网络建设的地区虽然进行了自主开发，但一般只考虑了本地需要。管理系统的无序开发会使总的开发成本十分庞大。今后开展服务网络建设的图书馆也避不开这个问题。应该由一个值得信赖的全国性机构来担当这项任务，为全国各地图书馆的服务网络建设提供技术支持。集中开发还可发挥成本低、销量大、适用性强的优点，能够保证低价销售、长期服务。也可以在现有的几个系统上进行选择并完善，牵头进行"团购"。

(4) 政府主导是图书馆服务网络持续发展的根本保证

从访谈和调研中，我们深切地体会到政府缺位和制度缺失对图书馆服务网络建设的阻碍。一些地方由于行政机构的官僚，不仅没有对能够提供普遍均等服务的图书馆服务网络以推动和支持，反而造成了一些障碍，使图书馆在自行开展图书馆服务延伸时难上加难。所以，政府主导、制度保障是图书馆服务网络健康持久发展的根本保证。

图书馆服务延伸模式的众多，是我国公共图书馆勇于探索和创新的结果，是图书馆人为实现社会信息公平、千方百计为社会提供普遍均等图书馆服务的职业信念和职业理想的体现。正是这种百折不挠的精神和服务网络表现出的巨大优越性，引起了中央领导和各地政府的高度关注，5月15日文化部在天津召开了公共图书馆服务延伸经验交流会，而中国图书馆学会在去年年底召开的2007年新年峰会上非常前瞻性地设立这个课题，并作为本次年会讨论的主题之一。相信通过大家对这个问题更加深入的讨论、研究和实践，图书馆服务延伸的构建模式将会不断得到完善，在提供普遍均等的公共文化服务乃至建设和谐社会中发挥出越来越大的作用。

政府信息公开与图书馆当前工作*

《中华人民共和国政府信息公开条例》（以下简称《条例》）已于2007年4月5日由温家宝总理签发，并将于2008年5月1日起施行。这对全国的公共图书馆来说是一件大事，中国图书馆学会在2008年新年峰会上，就《条例》设立了专门议题。《条例》的颁布对图书馆而言既是机遇、又是挑战，因此，我们应该有充分的认识，抓紧时机，积极投入工作。

1. 《条例》的施行有利于实现社会信息公平

"普遍均等"是《国家"十一五"时期文化发展规划纲要》中提出的概念，以前我们一直表述为"平等、免费、无区别"。不管是何种表述，普遍均等服务是世界各国公共图书馆事业的普遍原则和目标，也是我国图书馆人的百年追求，目前各地正在开展的图书馆延伸服务、区域性服务网络建设和总分馆建设，正是这种追求的集中体现。

保障普遍均等服务的公共图书馆服务体系有两个基本特征：

---

* 本文刊登于《图书馆建设》2008年第1期。

一是全覆盖,即保证所有人都能就近获得服务;二是包容性,即体系内的每个公共图书馆都不因经济社会地位、年龄、性别、身体状况、种族宗教等排斥任何人[1],印度图书馆学家阮冈纳赞将其简洁地表述为"每位读者有其书"。但在信息网络时代,尽管图书有知识性强、符合阅读习惯等特点,但时效性不足,而且并不涵盖所有信息,大量的信息游离于书刊之外。所以,全覆盖的公共图书馆服务体系只是实现社会信息公平的必要条件之一——提供就近、便捷服务的可能。据有关人士估计,政府拥有了全社会80%的信息资源[2],仅上海一地,从2004年5月1日到2007年11月,上海市政府主动公开的政府信息就达24.9万余条[3]。因而,如果离开了如此庞大的政府信息,或者不实行政府信息公开,纵然具备了覆盖全社会的公共图书馆服务体系,社会信息公平还是一种空谈。所以,通过《条例》规定和规范了政府信息公开,是社会信息公平的另一个必要条件。

2. 《条例》是图书馆的相关法之一

我们一直希望加快图书馆的立法进程。对图书馆立法的关注与呼声,绝大多数主要针对的是图书馆专门法,即《图书馆法》。而事实上,一个良好的图书馆法治环境,专门法固然重要,但也离不开相关法、图书馆行业自律规范以及与图书馆活动相关的国际法或集团宣言。只有这四个方面的结合,才能够创造出一种开放的、系统的,规范和引导相结合,自律和他律相结合,法治和德治相结合的法治观念和法治环境[4]。因此,《条例》的颁布实施,对改善图书馆法治环境,会起到很大的促进作用。

大家都知道图书馆界与出版界在《网络传播权管理条例》立法过程中的博弈，尽管博弈的结果是图书馆界没有完全达到自己的预期，但这场博弈的过程，是图书馆行业宣传和展示自身的过程。通过这场博弈，图书馆向社会发出了自己的声音，图书馆的地位得到了很大的提高，政府和相关行业重新认识了图书馆、了解了图书馆精神。但如果《网络传播权管理条例》不是图书馆的相关法，图书馆界就根本没有博弈的机会。

在政府信息公开中，《条例》明确规定"各级人民政府应当在国家档案馆、公共图书馆设置政府信息查阅场所，并配备相应的设施、设备，为公民、法人或者其他组织获取政府信息提供便利。行政机关应当及时向国家档案馆、公共图书馆提供主动公开的政府信息"[5]，使《条例》成为图书馆的相关法之一，同时也明确了图书馆在政府信息公开中所处的地位、作用、权利和义务，使公共图书馆成为政府信息公开的重要载体和发布平台，我们应该将其看着是一次机遇——既是图书馆发展的机遇，也是真正实现社会信息公平的机遇——而紧紧抓住。

3. 当前图书馆需要抓紧开展的工作

在《条例》颁布前，全国各地许多省、市政府已经颁布了一些当地的政府信息公开条例、办法、规定。广州市人民政府于2002年11月6日颁布的《广州市政府信息公开规定》[6]，是国内在政府信息公开上最早的政府法规，2004年1月20日《上海市政府信息公开规定》颁布[7]，是国内省级政府颁布的最早的关于政府信息公开的法规。广东省、深圳市、苏州市等地先后颁布了政府信息公开的条例、规定，并付诸实施。

值得关注的是，这些与政府信息公开的相关条例或规定，很少将公共图书馆作为政府信息公开的场所和载体，也少有图书馆真正参与政府信息公开工作。即使在上海、苏州两地的政府信息公开规定中，确实将公共图书馆作为信息公开的场所，但在两地的《政府信息公开指南》中，却都只将档案馆作为公开查阅场所，将政府门户网站作为政府信息公开的平台。而在这个过程中，至少苏州图书馆并没有将其作为重大的机遇来抓，只是顺其自然，设立专架，公开各级《政府公报》，而没有争取更大的作为，现在回顾这些，真是错失了一次极好的发展机会。

同样的道理，尽管现在《条例》规定了公共图书馆在政府信息公开中的地位作用，在具体的操作中，还会同样发生绕过公共图书馆的可能，只把公共图书馆作一种普通的放一些《政府公报》的场所。这就需要我们从现在起就抓紧做好宣传和争取工作。最近笔者不断联系政府信息办、政府办公室，沟通协调《条例》的落实工作，协商图书馆与政府信息公开主管机构的分工协作事宜。而一开始得到的答复是原来就在做，而且做得不错，《条例》的实施，只要在原来的基础上，稍加完善即可。换言之，公共图书馆不纳入发布平台也无关大局。经过再三争取，甚至据理力争：根据《条例》规定，图书馆不作为是图书馆违法，政府不主动提供信息给图书馆是政府违法，市民查阅不方便是工作没有做到家；苏州图书馆目前拥有一个总馆、十个分馆，而且分馆数量还将进一步增加，实行免证阅览和上网，电脑都有引导界面，是真正的公共信息查阅点；政府信息数量庞大，如果没有统一标准进行标引，各个部门各自为政，公众对信息的检索就非常困难，而且从现在的政府网站上查找政府公开信息，只提供目录，需要一层一层查找，不要说提供多种检索入口，而是根本没有检索入口，但这个问题图书馆专业可以提供解决方案，甚至可以接受委托对其标引加工；图书情报专业对于信息加工、信息检索具有强大优势，图书馆员为读者提供咨询有较为丰富的经验，将极大减轻政府在信息公开上的工作压力，苏州市民又有良好的利用图书馆的习惯。因此，图书馆作为政府信息公开场所是最合适的，最有优势的，而且图书馆作为一个公共服务单位，政府只须向图书馆提供一些必要的条件而不需要像委托其他机构一样支付庞大的价款；同时，在信息的深加工和发布的专业性上，还没有哪一个机构可以与图书馆媲美。几经沟通，才引起政府办公室的重视，答应春节后认真进行磋商、研究。

因此，我们不能消极坐等政府上门，而必须主动出击。可以说，大多数领导对图书馆的认识还停留在借借还还的阶段，没有充分认识到图书馆在现代技术条件下已经有飞速发展，而图书馆专业知识和技能在计算机网络时代中同样发挥着其他专业不能替代的重要作用，加上公共图书馆服务体系的构建，为政府信息公开提供了一个至少有一定覆盖率的、能够提供专业服务的平台，这就使政府信息公开的初衷——政府公开透明、社会信息公平可以得到实现。这些，都需要我们积极宣传，切实争取。

综上所述，在《条例》颁布而还没有正式施行前的今天，笔者认为图书馆需要在以下方面做好准备并开展工作：

（1）充分认识《条例》颁布对图书馆事业发展和实现图书馆职业理想的重大机遇，政府信息公开与图书馆实现社会信息公平这个职业追求的关系,把政府的公开信息作为图书馆文献信息资源收集、整序、组织、传播的重要组成部分,纳入日常工作日程,这必将大大丰富图书馆的馆藏信息资源,拓展信息服务的空间。

(2) 积极主动地向领导和政府有关部门宣传现代图书馆理念,图书馆普遍均等服务与政府信息公开目的上的一致性,两者的结合对实现社会信息公平,进而构建和谐社会的重要意义。

(3) 积极宣传图书馆服务体系在民众获取知识和信息过程中的便利性,政府将图书馆作为政府信息公开主要查询场所的有效性和经济性。图书馆本来就是一个公众信息的获取场所,公众对图书馆有良好的利用习惯和较高的信赖度,选择图书馆作为政府信息公开的主要查阅场所,不仅是《条例》的要求,也可以扩大政府公开信息的传播范围,既使政府政令畅通,又可以有效树立政府公正、透明、廉洁的良好形象。

(4) 做好馆内因提供政府公开信息服务所需的查阅场所、设备、人员、技术、用户服务等方面的准备工作。查阅场所的布置、指示标志的制作,设备的调配,工作人员及咨询人员的选配;测算这些工作所需要的经费支出,合情合理地争取政府的经费支持,并将运行成本纳入今后的预算。

(5) 积极宣传图书馆在政府信息公开中其他机构不可替代的专业作用,图书馆的专业参与,可以使政府信息公开工作标准化、信息有序化、成本最小化,有条件的图书馆应该争取政府委托图书馆对政府公开信息进行标引加工,甚至对政府公开信息进行知识组织和知识挖掘。[8]

因此,需要开展深入细致的调查研究,摸清本馆是否具备接受政府委托对政府公开信息标引加工及制作数据库的能力。如果可以,则应该建立专门的项目小组,研究制定政府公开信息的著录规范(如一开始可以只作简单著录,待全国统一著录标准出台后再按标准著录)、建立政府公开信息数据库的方案,包括哪些数据可以只做超链、哪些数据需要安装到本地服务器,提供哪些检索入口,按不同办法对信息标引加工的成本进行测算。如果不能建立全文数据库,则是否应该在本地服务器建立一个完善的政府公开信息目录数据库。尽管政府门户网站有一个政府公开信息目录,但如前所述,它并不提供检索入口,且只有本地区的政府公开信息,而对查阅公开信息的公众而言,一是希望有多种检索入口,二是可能还需要追索到本省、全国的相关信息,甚至与外省市的相关信息作一个比较。这对图书馆而言,并不是一件困难的事,但对一个地方政府的信息公开相关负责部门来说,可能就很困难。因此,如果可行,则应该主动与政府办公室进行沟通协商,争取由政府委托图书馆来开展这项工作,包括著录的范围和深度,需要的经费、经费是进入正常预算还是按加工数量下拨专项,由此生成的数据库知识产权可以归政府所有,但图书馆的服务器是否可以同时安装该数据,以便公共图书馆服务体系(各分馆通过VPN专网)共享等。

公共图书馆是民主社会的产物,《条例》的颁布使我们现在面临一个机会:让我们公共图书馆可以帮助民众在获取政府信息方面做得更好[9]。政府信息公开与建立全覆盖的公共图书馆服务体系、为人民群众提供普遍均等的图书馆服务有着共同的目标——实现社会信息公平,两者的结合,有助于图书馆事业的大发展、大繁荣。让我们抓住每一个机会,实现百年来中国图书馆人的职业理想和职业追求,迎接社会信息公平的早日到来。

参考文献

[1] 于良芝.走进普遍均等服务时间.近年来我国公共图书馆服务体系建设研究[R].常熟：第二届百县馆长论坛谊报告,2007-10-30.

[2] 张智新.政府信息公开 公民权利升堂[EB/OL]. http://www.chengdu.gov.cn/special/detail.jsp?id=134453&ClassID=02120308.

[3] 从规章文件、发展计划到重大决定草案 24.9万余条政府信息主动公开[EB/OL]. http://www.shanghai.gov.cn/shanghai/node2314/node2315/node4411/userobject21ai253617.html.

[4] 李国新.中国图书馆法治建设的成就与问题（上）[J].图书馆建设,2004(1):1—4,9.

[5] 中华人民共和国政府信息公开条例.[2008-01-10]. http://www.gov.cn/zwgk/2007-04/24/content_592937.htm.

[6] [2008-01-10]. http://www.chinalaw.gov.cn/jsp/contentpub/browser/contentpro.jsp?contentid=co1907804930.

[7] 上海市政府信息公开规定.[2008-01-10]. http://www.changning.sh.cn/Changning.Portal/OpenInfo/OpenInfoAllGuard.aspx.

[8] 范并思.2008年新年峰会之《政府信息公开条例》议题.[2008-01-10].老槐也博客: http://oldhuai.bokee.com/6602391.html.

[9] 于良芝.在中图学会2008年新年峰会上的发言.济南,2008-01-10.

图书馆服务宣言[*]
——从百年精神到核心价值的转变

2006年12月，中国图书馆学会在苏州召开2007年新年峰会，这是我国图书馆事业发展史上非常重要和十分成功的一次会议。说这次会议的重要，是因为中图学会为这次会议设计了奠定中国图书馆事业今后发展路向的五个议题；说会议的成功，并不是自卖自夸说会议的承办和会务接待特别出色，而是这次峰会上通过与会代表的认真研讨，最终确定了2007年中图学会的五个研究课题，最终成为2007年年会上的五个主题报告。

范并思教授在这次峰会上阐释了《图书馆核心价值再认识》的议题，阐述了图书馆行业应该向社会声明其核心价值的五点理由，提出了组织关于建立图书馆核心价值体系的理论研究、搞清楚有关图书馆核心价值的理论问题和国外有关图书馆核心价值的思想，并建议起草一份以展示中国图书馆界的核心价值体系为主体的《图书馆服务宣言》。会议决定开展图书馆核心价值研究课题，包括《图书馆服务宣言》的研究和起草，确定由范并思教授和倪晓建馆长联合主持。

---

[*] 本文刊登于《图书馆建设》2008年第10期。

经过半年多的调查和研究，图书馆核心价值研究的中期成果形成了2007年中图学会年会的主题报告，范并思教授在年会大会上进行了讲演，倪晓建馆长宣读了《图书馆服务宣言》草案。在其研究的整个过程中，乃至年会过后的一段时间内，关于《图书馆服务宣言》的各种讨论在业界热烈地展开。这个过程，笔者认为是对核心价值再宣传的过程，起到了统一大家认识的作用。在这个讨论中，赞同和认可的人占绝大多数。这说明图书馆核心价值的研究成果已经普遍为业内人士所接受。出现这样的结果，绝不是一件偶然的事。《图书馆服务宣言》开头语说："中国图书馆人经过不懈的追求与努力，逐步确定了对社会普遍开放、平等服务、以人为本的基本原则。"[1]而从图书馆的百年精神讨论到《图书馆服务宣言》启动，既是中国图书馆界理论与实践互相融合、水到渠成的过程，也是中国图书馆人确立上述基础服务原则最重要的三年。如果时间倒推三年，通过这样的宣言文字是难以想像的。为了说明这一点，我们需要把镜头回放到2004年的中图学会年会。

2004年是中国公共图书馆的百年盛典，也是中图学会成立25周年，还是苏州图书馆九十华诞。2004年在苏州召开的中图学会年会，主题确定为"回顾与展望——中国图书馆事业百年"，目的是重塑中国图书馆事业百年精神。客观地说，当时笔者当馆长时间不长，向中图学会竭力争取把年会放到苏州，由苏州图书馆承办的原因，主要是为了苏州图书馆九十周年馆庆，当然也有宣传苏州图书馆的想法，但却在无意中承办了中国现代图书馆史上一次极其重要的会议。

现在已经很少有人会怀疑2004年年会的重要性。这次会议既是图书馆现代服务理念确立与否的分界线，也是图书馆学术界、理论界与实践界之间真正相互融合的起始。对笔者而言，正是这次会议，使自己见识了业界各位学者和馆长，由衷感到自己专业知识的匮乏、理念的缺失，因而做出进入北京大学进修的决定，在不经意间，使自己成为真正喜欢图书馆、热爱图书馆，并且愿意努力践行现代图书馆理念的职业馆长。

2004年年会的召开，使业界回顾百年来中图公共图书馆事业所走过的历程[2]，重新思考公共图书馆存在的理由[3]，重拾缺失的百年来积淀的图书馆精神[4]，解脱了因历次政治运动而放弃了职业话语权而成为一种政治的附属品、并实行差别服务的桎梏[5]，解封了百年来公共图书馆固有的平等、免费服务理念，展望了中国公共图书馆事业发展的路向。这次年会，是学术理论界与实践界之间开始真正消除彼此之间的分歧和隔阂，进而真诚理解、互相支持，从而进入一个理论指导实践、实践反馈理论的新时代。一个行业组织及其内部成员产生共同的价值取向，形成互相尊重、互相包容、互相理解，进而使这个行业形成一个团结和稳定的共同体，其前提，是有一个共同的核心价值观[6]。而这次会议，正是营造了这样一个平台。故而这次年会也就成为中国图书馆史上的一个里程碑。

说起来可能是因为有缘，2004年年会重新确立了百年图书馆精神，2007年新年峰会决定确立核心价值观并起草《图书馆服务宣言》，地点都在苏州图书馆，而且笔者都是亲历，见证了这段如诗如歌的历史。在确立百年精神主题年会的随后日子里，中图学会组织了一系列研讨活动，使理论与实践进一步交融，教授们与馆长们进一步加深了感情。仅笔者有幸参加的活动就有：峰会、年会、志愿者行动课件研讨会、基层图书馆馆长培训、馆长高层论坛、馆长培训班、阅读指导委员会年会、百县馆长论坛、服务体系建设研讨会等，这些活动，不仅仅通过会议研讨解决业内一些理论和实践中的问题，而且使馆长们能够近距离地与教授们探讨和交流一些思想，碰撞出一些"火花"，产生出一点"灵感"，使实践中碰到的问题能够及时找到理论依据，也使一些理论研究课题能够尽快得到实证分析数据，更使理论研究成果能快速运用于工作实践，从而转化为服务成果。

期间，业界发生了几个"事件"，引发了对图书馆核心价值的大讨论，笔者亲身经历了"事件"之一。通过"事件"，促使我们作了很多思考，包括对图书馆核心价值、读者权益、职业道德、服务规范、读者整体和读者个体的区别、资源的获取还是拥有、藏与用的关系等的思考。这些问题的思考，其实跳不出对核心价值的认识，如果当时我们已经建立了图书馆的核心价值，可能这些问题的答案就是显而易见的。正当由于"事件"的频发，大家担心图书馆从此进入一个多事之秋之时，却奇怪地发现进入了一个"事件""冬眠"时期。笔者分析，原因在于现在即使碰到一些所谓的"危机"，也是基本解决在萌芽状态，形不成"事件"。为什么？一是尽管《图书馆服务宣言》还没有正式颁布，但核心价值已经基本形成；二是因为理论与实践的融合使现在的图书馆已经不再是"孤军奋战"、"孤立无援"，而是"立体防御"、"协同作战"。从笔者而言，后来又碰到过一次"危机"，但当"危机"一发生，笔者一方面是在第一时间向李国新、范并思、于良芝、李超平等相关专家教授通报、请教，探讨解决方案，四位教授积极地出谋划策，提供理论支撑；另一方面是积极应对，与事件对方及时沟通和协调，使其了解公共图书馆的核心价值观,进而理解我们处理问题的本意,争取了他们对图书馆事业的支持,很快形成了共识,化解了"危机"。所以,理论界与实践界的互相融合已经不仅仅是浮在面上,而且深入到了具体的事务之中。而这种融合,必须建立在学术界和实践界拥有共同的核心价值;这种协同,必须是专家教授们对需要提供帮助、指导的图书馆固有的服务理念和工作实践有比较真切的了解,否则就不可能实现。这也证明了"如果没有核心价值,图书馆活动就是一盘散沙"[7]的结论。

学术研究形成的理论总是具有前瞻性。当学术界宣传百年图书馆精神、倡导图书馆理念时,推动公共图书馆实行免费服务成为其重要的内容之一。但是,恐怕每个业内人士都清楚这是一件任重道远之事,而且收费还是免费,在实践中本身还存在着一定的复杂性,因而在学术界和实践界争论较多。当浙江温岭、江苏吴江、东莞、杭州、深圳等先后实行免费服务时,业界也曾积极宣传、造势。《杭州市公共图书馆服务公约》的出台、深圳图书馆的全免费服务,其宣传攻势不可谓不强,但其他图书馆除了有些羡慕外,大概绝大多数不会因此去开展免费服务的准备工作,因为它们知道这只能作为造势宣传而已,要在全国范围内启动图书馆的免费服务还遥遥无期。在 2008 年春节之前,有谁敢说 2008 年是公共图书馆免费服务的真正开局之年? 但在中央电视台报道浙江省图书馆的免费办证,进而国家图书馆实行免费服务后,情况就发生了根本性的变化,许多省、市级图书馆开始跟进,实行免费办证,许多图书馆积极准备。当江苏省政府于今年 9 月初要求全省各级公共图书馆统一实行免费办证时,尽管还有些图书馆感到突然,但大多数图书馆准备充分、应对自如。公共图书馆本身是政府的责任，有些工作一旦示范成功进入政府主导，从保障人民群众基本文化权益的紧迫感出发，一般都会以一种较快的速度推进，这时对图书馆所形成的压力将会十分巨大，必须在一开始就有所准备[8]，这可能是在公共图书馆还没有真正形成制度的前提下，图书馆工作的一种普遍规律。而这种准备的重要内容之一，是理念上的宣传、理论上的准备。如果没有学术界这几年宣传推动现代图书馆服务理念，确立共同的核心价值观，使平等、免费服务在业内形成共识，恐怕就不会有今天免费服务的局面。

近几年来，图书馆有了长足的进步，也引起了各级政府的重视和支持，在硬件建设、资源组织、服务质量、分馆建设、服务延伸、信息推送、阅读推广、活动举办等方面都取得很大的成绩，读者数量和文献流通量有了较大的增加。公共图书馆在经费上的规律是一旦年初财政预算下达，一般年内就固定下来，服务和活动开展得多，当年并不会因此增加经费。馆长一方面要想方设法使图书馆尽可能多地为社会提供服务，但另一方面这些新服务的资源（包括资金）还得依靠自己去组织，这有些自讨苦吃的味道。而正是图书馆的馆长们接受了图书馆理念和核心价值观，才会咬紧牙关、坚持不懈地不断自加压力、自主创新，用成绩说话，用效益示范，从而赢得了读者的尊重、社会的肯定、政府的支持，使公共图书馆事业在近年来取得了前所未有的大发展。这种拼搏精神，一方面来自学术界对图书馆精神的宣传和倡导，另一方面应该说又丰富了公共图书馆精神，如果没有确立起图书馆的核心价值观，理念缺失，实践的探索会充满更多的曲折，就不会诞生出现在一大批优秀的馆长。

从苏州图书馆的实际情况来看，2004年年会也成为事业发展的一个拐点。年会前，应该说主要是借助优越的地理位置、优良的技术装备、丰富的馆藏资源开展普通服务，有一种守摊子的味道；年会后，大力推动社会阅读，增加活动数量、提高活动档次；开展机制创新、技术创新和业务流程创新，不断增加服务内容，更新服务手段，提高服务质量，开展信息推送，关注弱势人群，主动开展免证阅览、少儿免费办证；主动寻找合作伙伴，开展总分馆建设，把图书馆服务延伸到读者身边；到馆读者稳步增加，2007年到馆读者首次超过200万人次，2008年1至8月已经达到234万人次，提高了图书馆的知名度和美誉度，赢得了读者、媒体、政府的一致肯定和好评，也得到了政府财政的大力支持，使全馆总经费从2003年的1 100万元增加到2007年的2 300万元，而且使政府觉得这些财政资金花得值得、花得百姓高兴。取得这些成绩的关键，一是确立了平等、专业、礼貌、无区别的服务理念，二是具体工作实践中得到了理论的正确指导，三是一些关键工作得到了许多专家教授的指点和帮助，四是把苏州的实际与图书馆的理论进行了有机结合。另外，作为中国图书馆事业百年精神和核心价值确立的有缘人和见证人，可能更多地感受到了公共图书馆精神和核心价值的魅力，从而被这种精神和价值观所折服，愿意为之奋斗。

可能有人会质疑：既然图书馆核心价值已经基本得到了确立，还有什么必要一定要搞一个《服务宣言》呢？这个问题，范并思教授其实早就作了回答："《公共图书馆宣言》所宣明的公共图书馆精神虽然源自19世纪，但直到《公共图书馆宣言》问世，图书馆界才有权威、准确的表达她的文字。"[1] 既然如此，中国图书馆的核心价值观也有必要以《图书馆服务宣言》来权威地、准确地表达。我想，这篇拙文只是谈了自己对图书馆核心价值观和《图书馆服务宣言》的认识和感想，不能算作严格意义上的解读。对《图书馆服务宣言》的真正的解读，唯有通过我们图书馆行业的每一个成员奉献自己的智慧和劳动，用自己的一片赤诚之心，为读者提供平等、专业、礼貌、无区别的服务，让图书馆服务实现真正的普遍均等。

参考文献

[1] 范并思.图书馆服务宣言及解读[EB/OL].(2007-12-31)[2008-09-20].http://oldhuai.bokee.com/6584726.html.

[2] 程焕文.百年沧桑 世纪华章——20世纪中国图书馆事业回顾与展望[J].图书馆建设,2004(6):1—8.

[3] 于良芝.公共图书馆存在的理由——来自图书馆使命的注解[J].图书与情报,2007(1):1—9.

[4] 范并思.图书馆精神的历史缺失[J].新世纪图书馆,2004(6):3—7.

[5] 李超平.我国公共图书馆历史定位之反思——兼评21世纪新图书馆运动[J].图书馆,2007(2)1—4,18.

[6] 范并思.核心价值:图书馆学的挑战[J].图书与情报,2007(3):2—5.

[7] 范并思.图书馆核心价值研究:我们面临的挑战[J].图书馆建设,2007(6):15—18.

[8] 邱冠华.体制的突破有时只需要简单的改良就能实现[N].中国文化报,2008-05-10.

苏州城区总分馆建设的实践与思考*

1. 总分馆建设的起因、做法和成效

进入新世纪以来，随着国内图书馆学术界大力研究和宣传百年来中国图书馆精神，传播现代图书馆平等、免费、无区别的服务理念，普遍均等的理念开始在业界植根，各地开始认真思考为社会提供低成本、高效益、普遍均等的公共图书馆服务方式和途径，并积极加以探索。2001年，苏州图书馆新馆建成开放，从新馆开馆第一天起，几乎每天到馆的读者均超过了设计容量。一方面是读者旺盛的阅读需求，另一方面是接待能力的明显偏低，加上区、街道、社区图书馆的缺失，形成了苏州市图书馆事业独特的供求矛盾。

为了解决这个矛盾，方便读者利用图书馆，苏州图书馆从2002年起，总结反思八九十年代乡镇（街道）万册图书馆未能持续生存的教训，先后在娄葑镇、职工科技大学、驻苏部队、玉兰社区设立分馆，分馆均实行由苏州图书馆提供初始藏书，定期更

---

* 本文刊登于《图书情报工作》2009年第1期。

新补充资源；由当地提供馆舍、设备、人员，负责开放；读者可以通借通还。然后，除了部队分馆外，其他分馆都不能保持正常的开放状态、读者日益减少。通过调研，主要问题在于：一是合作对方委派的工作人员，缺乏图书馆工作应有的理念、感情、热情，且工作人员流动性大、业务技能不高，无法执行苏州图书馆的服务标准；二是鉴于上述原因，分馆的开放也就不正常，且总馆无法对其制约；三是服务质量与总馆相差太大，读者逐渐不愿选择分馆；四是资源不符合读者需求，由于苏州图书馆只提供图书资源，报刊由当地征订，不对普通读者的"胃口"，且总馆无法得知读者阅读需求。其中最主要的原因是总馆不能有效地控制工作人员，也就无法控制开放时间、服务标准和服务质量。

在这样的情况下，苏州图书馆开始对国外的总分馆制和国内一些开展总分馆探索的地区进行调研，形成了《苏州市城区公共图书馆网络建设方案》*，并呈交苏州市政府。这个方案的要点如下：

（1）建议由市政府主导，作为城区公共图书馆服务体系的建设主体。

（2）集中市、区两级财政在公共图书馆上的建设和运行经费。

（3）在市区按每2万人一所建设社区图书馆，并作为苏州图书馆的分馆，达到管理统一、资源统一、服务统一的覆盖全苏州城区的公共图书馆总分馆体系[1]。

（4）五个县级市参照这个方法，由各市（县）政府作为当地公共图书馆总分馆的建设主体，各县级图书馆作为总馆，每县建

---

* 2007年后上报的文本改为《苏州市城区公共图书馆服务体系建设方案》。

设约20个乡镇、乡村分馆,并在广大乡村设立以共享工程基层点、党员远程教育点、农家书屋、乡村图书馆相结合基础上的流动图书车服务点。

(5)全市六个总馆构建成一个区域性服务网络[1],实行联合采编、统一检索、一证通用、资源共享,从而实现全苏州市的公共图书馆的全覆盖。

为了体现方案的优越性,苏州图书馆主动与各区政府、相关街道办事处联系,积极寻找建设社区分馆的合作伙伴。经过半年多的艰苦工作,在2005年10月与沧浪区政府合作开设了第一所直接管理的分馆——沧浪少儿分馆,并取得很大成功。在第一个分馆合作成功的示范下,一些区政府、街道办事处纷纷主动与苏州图书馆联系,希望合作建设分馆。至2008年底,通过合作,共建成了15所分馆,分别为沧浪少儿、旸园、润达、新康、新升、馨泰、历史街区、妇儿中心、枫桥、金阊、工人文化宫、东浜、胥江实验中学、狮山、相城,其中,金阊、相城是区级分馆,胥江实验中学是与市教育局合作的中学分馆,都有相当规模。5个县级图书馆分别在当地开展总分馆建设,并建成62个乡镇分馆。在这个过程中,苏州市政府给予了很大的关心和支持,将社区分馆建设连续列入了2006[2]、2007[3]、2008[4]年的市政府实事项目,并从2007年起增加苏州图书馆年度购书经费180万元。从这些分馆的实际运行情况来看,2007年平均每馆每月接待读者4 123人次,这个数字在2008年1至4月为4 799人次/月*,2008年12月更是上升为6 133人次。分馆很受读者欢迎,也被合作的基层

---

* 数据引自苏州图书馆统计资料。

政府所接受，体现了较高的效益。

这些分馆，均为新建，且以合作方式存在。合作条件是：对方提供馆舍、装修、设备，并提供年度物业费用，向苏州图书馆每年提供不低于5万元（2008年起，不低于8万元；最高为相城分馆，年经费为53.72万元）的人员和购书经费；苏州图书馆安装管理系统、委派工作人员、提供分馆初始藏书并定期补充调配、征订报刊、开通馆藏数字化资源，并负责开放；读者享受免证阅览和上网，使用统一的借书证外借图书和音像资料，并实现通借通还。具体的建设过程为：先就合作达成意向，苏州图书馆参与社区分馆的布局和设计，提供布局图和设备清单，对方负责装修和采购；签订合同后，苏州图书馆负责资源准备、招收合同制职工并进行培训，选择派遣人员；移交馆舍后，苏州图书馆进行软件安装和调试，文献排架，内部布置，检查验收等；按商定的日期开馆。

为了保证分馆的服务质量，苏州图书馆还采取了以下的措施：

（1）制定了《社区分馆建设标准》，包括馆舍面积、空间布局、设备清单、开馆时间、资源配置、读者权益等，以规范社区图书馆的建设；

（2）在分馆安装了远程监控装置，以便实时了解和掌握分馆的运行情况；

（3）完善了网上咨询平台，以便及时解答分馆读者的咨询问题；

（4）使用VPN网络，使分馆能够共享总馆的数字化资源，并在分馆的电脑上设置统一的引导界面，读者根据引导，可以方便

地进入书目检索、电子图书、馆藏数据库资源、政府公开信息、共享工程等栏目;

（5）各个社区分馆根据当地的实际需求和每周不少于50小时灵活安排开放时间。总馆根据各分馆的读者需求情况，为每个分馆配备7 000册初始藏书，不少于100种的期刊报纸，3 000张光盘，每月为分馆调配400至500册图书，部分是新书，部分是周转书，确保资源的丰富和更新;

（6）向分馆派遣的工作人员均是在总馆已经工作过一段时间、具有较为熟练技能的合同制员工;

（7）建立与合作单位定期恳谈制度;

（8）将讲座、读书活动延伸进社区分馆。

2. 总分馆进一步发展的制约因素

总体来说，苏州图书馆的总分馆建设，从一开始就确定为一种示范性建设，目的是倡导、推动苏州市政府主导这项工作。这是根据苏州图书馆的人力、物力、技术等几个方面调研、评价的结果。苏州图书馆只有79个事业编制，以前总馆每年接待的读者约150万人次，2007年达到161万人次，2008年超过227万人次[5]，开展400多次包括讲座、展览、阅读等读者活动，指导全市公共图书馆业务，并为市区的共享工程建设基层服务点提供技术支持;管理系统的并发用户数只有64个，实际上大约只能用到50个;每个分馆一般使用1到2个，总馆内实行免证阅览后，还需要使用20个;每建一个分馆，除了初始藏书外，每年还需要采编1 000册新书，调配约4 000册图书，而采编人员只有 11 人，2008 年采编加工图书 24 万册（件），已经到了饱和的状态。因此，综合馆内的各方面资源，最多支撑 20 个分馆。

　　这些，成为制约苏州图书馆进一步建设总分馆的重要因素，或称之为瓶颈。从现实来看，这个瓶颈出现的时间比预计的还要早。原来苏州图书馆的建设方案中的分馆都只有 200 平方米左右，委派 2 名合同制职工，管理相对简单，资源占用量不大。但由于各级政府都看到了将本级图书馆作为苏州图书馆分馆的优越性，所以，凡新建的区级图书馆也开始委托苏州图书馆管理。目前，已经建成的分馆中，金阊分馆 500 平方米，胥江中学分馆 1 830 平方米，相城分馆 1 300 平方米；园区青少年活动中心的 1 600 平方图书馆中 1 000 平方米的少儿部分已经签订了委托合同；平江区的 2 000 平方米的区图书馆新馆已经进入合作协议的细节洽谈阶段，沧浪区的 3 000 平方米的新图书馆已经完成土建，吴中区设计了 8 000 平方米的新馆，这些图书馆的上级部门，都已经与苏州图书馆接洽委托事宜；中共苏州市委组织部看中了社区分馆的人气，提出社区党员远程教育点与社区分馆实行资源整合，组织部、本馆和三个街道合作，试点新建三个社区分馆。这一方面说明苏州市公共图书馆建设与发展的形势大好，另一方面大型分馆占用的资源较多，技术上也占用了多个并发用户，需要的工作人员也多，因而需要派遣在编职工去充当分馆的馆长，这些，都会给苏州图书馆形成了巨大的压力，而且使苏州图书馆处于一种既要顾及保护基层政府建设图书馆服务体系的积极性，又要时刻提防自己被包袱压垮的两难境地。

3. 对总分馆建设的体会与思考

十六大以后,随着构建覆盖全社会的公共文化服务体系的提出,图书馆理论界、实践界在总分馆和服务网络建设研究出许多成果,积累起很多经验,北京[1]、上海[6]、广东[7]、深圳[8]、杭州[9]、哈尔滨[10]、东莞[11]、佛山[12]、嘉兴[13]、苏州[14]等地在总分馆实践上积累起很多经验。2007年初中图学会设立了"图书馆服务网络构建研究"课题,2007年5月份文化部召开了"公共图书馆延伸服务经验交流会",十七大报告还把"覆盖全社会的公共文化服务体系基本建立"列入了全面建设小康社会的目标体系。2008年4月份中图学会在嘉兴召开了"公共图书馆服务体系高层论坛";5月份上海图书馆召开了"城市中心图书馆建设经验交流会";6月份上海市文广局、上海市图书馆学会在浦东新区召开"公共图书馆延伸服务研讨会",同时,笔者通过与南开大学于良芝教授联合主持"公共图书馆服务网络构建研究"课题,对各地的总分馆建设作了许多调查,获取了不少经验;2009年,于良芝教授又与笔者联合承接中图学会"公共图书馆的设置与体系研究"课题,为《图书馆法》增加相关条款提供理论依据,因而对苏州总分馆实践中碰到的问题进行了深入的研究,就多了一些体会,有了一些思考。

(1) 总分馆建设必须由政府主导

① 缺乏政府主导的总分馆建设,谈判成本巨大。当图书馆主动寻找合作伙伴时,需要较大的谈判成本,而当数量庞大的基层

政府都找上门时，也会出现另一种谈判成本。基层政府原来应该承担的责任，希望通过政府购买行为来化解，从而达到节省开支、提供更专业的服务，又减轻包袱的目的。而在缺乏政府主导时，图书馆的资源、专业人才有限，政府需要承担的责任，图书馆无法长期承担。而且在双方的利益博弈和矛盾化解中，缺了上级政府这个裁判，就需要依靠长时间的谈判来达成共识，谈判就需要花费较大的成本。

② 缺乏政府主导的总分馆建设，无法确定适度的建设主体[15]。公共图书馆服务的特性决定了需要有长期、稳定的经费支撑，而街道一级政府缺乏这种能力。即使是在苏州这样经济较为发达的城市，也有许多街道感到力不从心。需要街道一级承担公共图书馆经费支撑的做法，加剧了公共图书馆服务的非均衡性分布[16]，使缺乏经济实力的街道和社区离普遍均等越来越远。因而，需要将城市公共图书馆服务体系建设的主体上移到市、区一级政府[1]，但离开了政府主导，依靠图书馆无法突破这个体制障碍。当然，有时这种体制改革只需要简单的改良[17]：苏州市沧浪区政府在与苏州图书馆合作建设四个分馆的基础上，2008年已经委托苏州图书馆制定覆盖全沧浪区的公共图书馆服务体系规划，并安排50万元年度预算，代替原来需要几个街道分别支付的分馆建设和运行经费，实现了沧浪区事实上的建设主体上移。但从中也可以看出，即使是简单的改良，主动权也在政府，也需要政府主导。

③ 缺乏政府主导的总分馆建设，无法确定合适的管理单元[1]。一个总分馆体系究竟以多大为适宜，是我们需要研究的问题。太小，不利于资源共享，更不利于读者使用；太大，增加管

理成本,有时会使管理失灵,从而降低服务质量,进而影响总分馆体系的生存和发展。但在政府缺位的前提下,图书馆的自主创新根本无法控制这个管理单元,这也是目前有些地区形成两个总分馆体系在一个区域中出现交叉局面的原因。

④ 缺乏政府主导,就缺少了制度保障。通过合作、契约式的总分馆建设,其生存是建立在基层政府是否具有充足的财力基础之上的,一旦这个基础出现变动,那么基础之上的总分馆合作体系就会瓦解。同时,双方领导的更迭,也会对总分馆的合作产生影响。因此,即使模式是成功的,规划是科学的,技术是先进的,离开了政府主导,缺乏制度保障,其体系还是不稳定的,更无法实现全覆盖。

因此,从根本上说,建设覆盖全社会的公共图书馆服务体系,是政府的责任,没有政府主导,图书馆行业的自主创新只是推一把。图书馆没有实力以职业创新来替代政府行为。

(2) 总分馆建设必须有规划指导

总分馆建设需要及早制订一个科学合理的布局规划,包括建设方案、设置标准和工作流程。这可以指导总分馆建设工作不会走偏,起到许多良好的作用。

① 有利于控制风险。分馆的建设,不管是合作谈判,还是质量保障、资源调配、技术维护,均需要花费较大的成本,对总馆会形成较大压力。规划的过程是对自身的资源、能力正确评估、预见可能出现问题的过程,有了规划的指导,就可以预知风险、控制风险,从而使自己进退自如。苏州图书馆的总分馆建设,总的目标与各地一样:为市民提供普遍均等的图书馆服务,但在自

主创新阶段，其目标是向政府示范，从来没有奢望依靠自己的力量来建设一个覆盖全苏州的总分馆体系。因此，所有的目标、工作、做法、效益，其重心都放在示范上面，而且从一开始就有一个不超过20个分馆的"度"的规划控制。

② 有利于充分准备。图书馆的自主创新，一旦示范成功，就会进入政府主导，这时，将会以一种超常规的速度推进，从而对图书馆形成巨大的压力，出现顾此失彼的局面。必须在一开始就有所准备，而规划就是这种准备的开始。

③ 有利于界定谈判"底线"，实现总馆对分馆的全面掌控。一般情况下，合作方既然进行了投资，有的会把对分馆的控制权作为投资的权益，有的会对文献资产权产生诉求。而要使总分馆体系有效运行，却必须实现总馆对分馆的全面掌控，实行人、财、物的统一管理，这是合作谈判的底线。价格可以谈、开放时间的长短可以谈、资源投放的数量可以谈，就是控制权不能谈。苏州的分馆效益较高，得力于分馆有比较丰富的资源，员工有较高的服务技能，服务标准整齐划一，新技术（如远程咨询、远程监控、短信服务）的运用，讲座和活动等对分馆的延伸等，但这些的前提是在总馆实现人员、资源、管理、服务上对分馆的全面控制，使分馆的服务质量得到了切实的保障。这样做，有利于使读者逐步产生出对公共图书馆服务的预期，培养起读者利用图书馆的习惯。

(3) 总分馆建设必须以效益引导

建设总分馆体系，其根本目的是方便读者就近利用图书馆，发挥出图书馆传播信息和知识的作用，同时，也是为了实现在同等服务效益的前提下的成本最小化。因此，总分馆建设要充分考虑投入与效益之间的关系。要做到这一点，就必须强化对分馆的管理，所谓管理出效益。

① 自主创新条件下的总分馆建设需要有一个强壮的"母体"*。一个总分馆体系运行得是否高效，布局、资源、技术、服务都很重要，而且需要在体系内部保持基本一致，这就需要总馆在资源、技术、人才、管理等方面都非常强壮。一方面，随着图书馆利用习惯的培养，会使读者总量逐步上升，因而分馆的增多并不会大量分流总馆的读者，从苏州的情况来看，2007年总馆的到馆读者还比2006年增加13万人次，2008年更是比2007年增加了66万人次；另一方面，分馆的设置、行政管理、资源建设、技术维护、人员培训、后勤保障乃至服务质量保障等，都是对总馆实力和能力的考验，分馆越多，对总馆的要求越高、压力越大。在这样的前提条件下，要实现总分馆一体化，使总分馆成为一个有机的整体，必须有一个强壮的母体——总馆。

② 总分馆内部结构越紧密，运行成本就越低。按照总分馆的统一管理、统一资源、统一服务的要求来设计总分馆的结构，可以有效节省运行成本。苏州的总分馆，尽管是一种合作，但合作对方对支付给苏州图书馆的分馆经费的对等条件只放在服务效果的评价上，而将分馆的所有管理权全部委托给苏州图书馆，文献资源实行动态资产权[14]（即文献的资产权随文献一起流动），人员由苏州图书馆委派并直接管理，从而实现总分馆内部的"三个统一"，使苏州图书馆可以有效地对分馆实现全面掌控，从而保

---

* 原话出自广东省立中山图书馆李昭淳馆长。

证了服务质量，提高了分馆的服务效益。

③ 不断学习别人的先进经验。效益的高低，不仅需要自身纵向的比较，更需要地区之间的横向的比较，这样可以找出自身工作的不足之处，因此，开展深入细致的调查研究，学习其他地区的经验，避开别人已经走过的弯路，结合当地的实际情况，不断反省自身的做法，及时调整策略，就成为不断提高总分馆建设效益的重要条件。苏州图书馆的总分馆建设，许多做法中都既融合了北京、上海、深圳、杭州、东莞、佛山等地的经验，又结合了自身的实际。关注其他领跑图书馆的新经验、新举措，不断汲取人家的长处，改善自身的工作，也是重要的体会之一。

④ 把业务工作做实，把宣传工具用活，是提高分馆效益有效途径。图书馆利用、大众阅读都需要引导，需要习惯的培养，只有千方百计地让读者了解图书馆、走进图书馆，才有可能让读者喜爱图书馆、利用图书馆，从而提高图书馆的利用率（效益）。所以利用多种途径的宣传就显得十分重要，通过媒体宣传报道是宣传，通过走访读者、举办各种读者活动也是宣传。苏州图书馆的分馆只要有开馆仪式，一般都以读书活动的形式进行，通过讲座、展览、电影、活动的进分馆，有效地宣传了社区分馆，从而使社区居民较快地熟悉了社区分馆并成为读者。

普遍均等的公共图书馆服务是中国几代图书馆人的梦想和追求，而总分馆建设是公共图书馆特别是城市图书馆资源共享、降低成本、方便读者、实现全覆盖的有效组织形式，我国改革开放30年来创造的经济奇迹和社会进步，给我们这一代图书馆人提供了极好的施展机会。由于体制上尚有制约，各地的情况又千差万别，因而形成了许许多多的做法和模式。但正是各地图书馆这种践行普遍均等理念、追求信息公平的探索精神,将中国公共图书馆事业不断推向前进,也将成为 21 世纪中国公共图书馆史的开局篇章。

参考文献

[1] 邱冠华,于良芝,许晓霞.覆盖全社会的公共图书馆服务体系:模式、技术支撑与方案[M].北京:北京图书馆,2008.

[2] [2008-05-23]. http://www.suzhou.gov.cn/newssz/sznews/2005/12/20/sznews-13-47-52-3223.shtml.

[3] [2008-05-23]. http://www.2500sz.net/news/mcbd/2007/1/20/mcbd-16-59-32-2536.shtml.

[4] [2008-05-23]. http://www.suzhou.gov.cn/zfgk/gkml_ssxm.shtml.

[5] 杨帆.每位市民年进馆一次半 苏图年接待读者 316 万[M].苏州日报,2009-01-02.

[6] 王世伟.城市中心图书馆向社会基层延伸的理论思考与实践探索[M]//王世伟.城市图书馆发展论丛.上海社会科学院出版社,2006,13—27.

[7] 程焕文.岭南模式:崛起的广东公共图书馆事业[J].中国图书馆学报,2007(3):15—25.

[8] 林蓝.总分馆制管理模式下的社区图书馆建设[J].科技情报开发与经济,2005,15(13):7—8.

[9] 褚树青.藤蔓再长,瓜落故乡——对公共图书馆服务定位的思考和实

践[J]. 图书馆建设,2006(5):1—3.

[10] 肖红凌,刘弘宇. 因地制宜,建设可持续发展的规范化图书馆体系——以哈尔滨市图书馆社区分馆建设为例[J]. 图书馆建设,2007(3):8—10.

[11] 李东来. 整合资源　传播知识　建立城市图书馆公共服务体系[J]. 图书馆论坛,2005,25(6):302—304.

[12] 屈义华. 公共图书馆服务创新——佛山市禅城区联合图书馆的实践与思考[J]. 图书馆论坛,2005,25(6):305—307.

[13] 章明丽. 市馆推动　政府主导　构建城乡一体的公共图书馆服务体系[J]. 山东图书馆季刊,2008(1):12—13.

[14] 于良芝. 为了普遍均等的图书馆服务——评苏州图书馆的分馆建设[J]. 国家图书馆学刊,2007(3):18—19.

[15] 李静. 总分馆制与省级图书馆定位[M]. 中国文化报,2008-01-20.

[16] 于良芝,邱冠华,许晓霞. 走进普遍均等服务时代:近年来我国公共图书馆服务体系构建研究[J]. 中国图书馆学报,2008(3):31—40.

[17] 邱冠华. 体制的突破有时只需要简单的改良[N]. 中国文化报,2008-05-10.

从政府购买看实行总分馆制的必然性*

政府购买,是政府为满足自身的消费需求以实施统治或提供公共服务,使用财政性资金购买货物或劳务的行为[1]。政府购买作为公共财政支出管理的一种方式,有着悠久的历史。据李晓的研究,我国唐代就实行政府购买,宋朝时甚至根据物资供求形势、运输条件等,编制政府购买预算[2]。进入新世纪后,政府购买作为建立公共财政体系、深化事业单位改革、提高财政资金使用效益的重要措施而频频出现在各级政府文件或领导的报告中。《国家"十一五"时期文化发展规划纲要》明确提出"采用政府购买、补贴等方式,向基层、低收入和特殊群体提供免费文化服务"[3],十七大报告则要求"围绕推进基本公共服务均等化和主体功能区建设,完善公共财政体系"、"覆盖全社会的公共文化服务体系基本建立"[4],都是从保障人民群众的基本文化权益出发,明确公共财政与公共服务的关系,显示了党和政府用公共财政支撑起为人民群众提供普遍均等公共文化服务的决心。所有这些,表明我国财政体系正由建设型财政朝着公共财政方向完善,对公共服务的财政拨款管理,将会很快向政府购买方式过渡。

---

* 本文刊登于《新世纪图书馆》2009年第1期,当时作了删减,现为原始文本。

公共图书馆服务体系是公共文化服务体系的重要组成部分，甚至可以说是最主要的部分，在构建覆盖全社会的公共文化服务体系中有着举足轻重的地位。这是因为：没有其他一个文化行业可以如同公共图书馆一样，是国际公认的民主社会的制度安排，有国际统一的服务理念、规范和服务方式，纵向有一个严密的组织结构、横向有一个网状的服务体系，可以通过网状的组织形式与无缝链接的计算机网络相结合而构建形成服务网络，通过管理统一、资源统一、服务统一为特征的紧密型总分馆制和以行业联盟、资源共享为特征的区域性服务网络[5]，并配以流动图书馆，从而将全社会构建成一个无边界的大图书馆[6]，达到全民共享、就近快捷、降低成本、提高效益，实现普遍均等服务的目的。

然而，政府财政支持下的公共服务，必然会讲求以最小的财政投入谋求最大的服务效益，或者是在提供既定的公共服务数量前提下的成本最小化，对公共图书馆服务的财政投入也不例外，这既是实行政府购买的最大理由，也是经济规律和实现可持续发展的客观要求。政府购买与其他购买行为一样，具有"有偿性"的特征，政府财政一手付出资金，另一手相应地收回商品和服务，并可以运用消耗这些商品和服务用于履行政府的职能[7]。对公共图书馆服务的政府购买，其实质同样是由政府出面收购图书馆提供的信息产品和服务，并由人民群众享用，从而实现在民主社会中提高全体公民的科学文化素质和价值判断能力，进而参与社会事务的管理，促使社会不断进步。

考量公共图书馆效益（服务成果与成本之间的比例）的指标可以有许多，而且非常复杂。据称国外有多种图书馆效益的评估方法，吴建中先生就曾经介绍了大英图书馆通过效绩评估后的投入与效益的比例关系：每投入1镑产生4.4镑的效益，每年的贡献为3.63亿英镑[8]。国内尚未见到对图书馆效益的定量分析和评估指标。图书馆的服务效益是图书馆建筑、设施、设备、人员、资源、管理、服务、活动等各个方面互相影响和作用的综合结果，经费支出内容也涵盖了图书馆的方方面面，且难以分割，因此，如果单用一个指标来考核评估图书馆的成本或效益，肯定会有失偏颇，准确的效益评估必须是多种指标的综合评估。然而，为了简单说明本文的问题，笔者还是采用了简单处理方法——假定图书馆只接待到馆读者而不开展其他任何服务和活动，用到馆读者人次（利用图书馆的读者数量）和图书馆的全部经费，作为考核评估的主要指标，来说明图书馆的服务效益，或者接待读者的单位成本（单位成本越低，服务效益越高）。这样假定计算的结果，会造成图书馆的其他服务、活动等的成本为"零"。因此，下面相关的数据（特别是到馆读者的单位成本）仅仅是为了说明本文提出的问题，并不适用其他问题的解释。

我们以苏州图书馆为例。苏州图书馆的设计能力为每天接待到馆读者3 000人次（年接待能力为110万人次）；2006年财政投入经费2 100万元，到馆读者148万人次，单位成本为14.19元／人次，2007年财政投入经费2 300万元，到馆读者201万人次，单位成本为11.44元／人次，2007年的效益要高于2006年（不考虑物价因素）。这说明财政购买的图书馆服务的单价降低了，多投入的200万元没有白花。如果按照2006年的购买单价，2007年财政应该投入的经费为2 852.19万元，可以认为苏州图书馆为财政节省了552.19万元。由于各地对图书馆的财政投入方式不尽相同（如有的图书馆人员经费由财政直接划入个人账户），各个图书馆的实际情况也不相同（如各个图书馆供养的离退人员数量不同，馆舍和设备的新旧程度不同），而且前面说过，图书馆的服务效益考评需要采用综合指标，因而用这个方法对图书馆的服务效益进行横向之间比较的影响因素太多，既十分困难，又不容易说明问题，所以笔者并没有调查其他图书馆的财政投入经费状况（而且调查起来也非常困难）。但这个方法对图书馆自身效益的纵向比较还是十分有用的，而且对于当地的财政部门来说，更多地也是从纵向来考核图书馆的效益情况。财政部门从节省公共资金的角度出发，要求图书馆不断降低单位成本，从而提高服务效益，是很正常的。而且，如果立足于通过读者利用图书馆从而提高科学文化素质出发，希望市民平均每两个月进图书馆一次（这个指标在发达国家并不算高），则按苏州市区 230 万户籍人口计算，每年的到馆读者会达到 1 380 万人次。若按苏州图书馆的设计能力计算，需要 12.6 个苏州图书馆；即使按目前实际超负荷的到馆读者人次计算，也需要 6.87 个苏州图书馆，年图书馆运行经费最低需要 1.58 亿元，这从苏州一个地级市的财政角度来考虑，大概是不可想像的。

但是，从建立全覆盖的公共图书馆服务体系、为人民群众提供普遍均等的公共图书馆服务、满足人民群众基本的阅读需求出发，民众频繁地进入图书馆学习求知、获取信息，进而提高科学文化素质，又是政府希望看到的结果，也是我们图书馆人梦寐以求的目标。不幸的是，采用一级政府建设一个图书馆，再将这些单个独立建制的图书馆集合起来，构建成覆盖全社会的公共图书馆服务体系，目标与现实之间存在着明显的不适应，更何况我国的许多基层政府并无建设和长期运行公共图书馆的经济能力[9]。

因此，采用单个独立建制图书馆集合起来的图书馆群以构建公共图书馆服务体系，从经济角度来看可行性不大，从方便、就近、快捷利用图书馆角度同样不适用。

尽管我们可能还没有从财政投入的角度，仔细地计算过建立普遍均等的公共图书馆服务体系的资金需求，从而发现目标与现实之间的矛盾，但进入新世纪后，我国许多地区的公共图书馆却不约而同地选择了总分馆制这样的图书馆服务的组织形式来构建公共图书馆服务体系，这不能不让人为之叹服。

我们已经知道北京[9]、上海[10]、广东[11]、深圳[12-13]、杭州[14]、东莞[15]、佛山[10]等地区都是实施总分馆建设的先行者，后来哈尔滨[16]、嘉兴[17]也启动了总分馆制，还有诸如佛山禅城区[18]、江阴市等许多县、区图书馆在总分馆的建设上也卓有成效。笔者尚无法确定各地通过总分馆制建设，分馆接待到馆读者的平均单位成本，但仅仅从资源共享，特别是通过数字化资源共享上节省的资源建设经费，大概就是一个庞大的数字。

从苏州的总分馆建设来看，通过苏州图书馆与各区政府、街道办事处合作，由合作对方提供馆舍、装修、设备，承担水电等物业费用，并每年向苏州图书馆支付8万元人员和购书经费；苏州图书馆则提供初始馆藏资源并负责更新调配、委派工作人员并负责分馆开放；总分馆之间实行统一管理、资源共享、通借通还，极大地方便了社区居民的阅读，培养了一大批读者，分馆读者盈门。2008年1到10月，平均每个分馆每个月接待到馆读者6 473人次，最高的一个分馆平均每月接待16 027人次。从这些社区分馆来看，一个社区分馆全年的运行成本约12万元，因而到馆读者的平均单位成本为1.55元／人次，而同期，苏州图书馆到馆读者的单位成本为11.10元/人次，两者相差7倍之多。当然分馆的高效益，是建立在总馆的资源、人才、技术、管理、保障等基础之上的，精确地计算总分馆之间的效益是件十分困难的事（更何况总馆还有其他服务、活动的开展）。但上述的这些数据，已经足以说明问题、游说政府，因为通过总分馆制，可以预计按人口数年平均进入图书馆的次数，对需要建设的分馆数量、投入的财政资金进行测算。还是按照上述的数据，如果苏州市区的市民每两月进入图书馆一次，按分馆平均接待6 473人次/月计算，需要有150个分馆；若按到馆读者最多的分馆数据计算，需要73个分馆，则每年在图书馆运行上需要投入的财政资金分别为4 100万元和3 176万元，这与1.58亿元有巨大差别，充分体现了总分馆制运行上的低成本，或者称为高效益。

苏州图书馆向政府提出的建议中，希望在市区设立115个分馆（每2万户籍人口一所图书馆），实行人财物管理统一、服务标准统一、完全通借通还的总分馆制，实现公共图书馆服务（包括共享工程信息服务）的全覆盖，每年的财政总投入约为3 780万元（由市、区两级财政分担），每年接待读者的能力约为1 300万人次。今年1到10月份，苏州图书馆（包括1个总馆、14个分馆、1辆未成年人流动图书车）已经接待读者289万人次，全年接待的到馆读者超过310万人次已成定局。前一阵，市政协视察苏州图书馆，笔者向市政协的领导汇报说：苏州图书馆2008年与2006年相比，将为政府节省了2 000万元的资金。领导惊问理由，笔者回答：2006年财政拨款2 100万元，接待读者148万人次，2008年估计决算不超过2 400万元，但接待读者稳超310万人次，如果按2006年的接待成本计算，2008年财政应该支付苏州图书馆4 400

万元经费，两者相抵，财政节省了2 000万元。而这样的结果，除了因为免证阅览、免费办证而降低门槛外，主要得力于分馆建设。所以，不管从节省政府财政支出还是从为人民群众提供普遍均等的公共图书馆服务角度出发，政府都应该支持并主导图书馆的总分馆建设。

图书馆总分馆制是国际上通行和成功的图书馆组织和服务形式之一，从国内的情况来看，总分馆也日益体现出它的优越性。诚然，我们对这种优越性可以从方便读者，从普遍均等，从资源共享，从节约成本等各个方面来展开分析。就建立覆盖全社会的公共图书馆服务体系而言，在一个地区特别是一个城市中，以独立建制、单个运行的图书馆集合来构建服务体系，不仅仅不利于读者利用，而且，从公共财政的承受能力，从政府购买要求成本最小化，都很难行得通。因此，构建总分馆制，就成为解决全覆盖、使图书馆服务能够全民共享的主要途径和必然选择。

政府购买公共服务的重要意义还在于进一步转变政府职能，加快公共服务型政府建设，切实履行好政府的社会管理和公共服务职能的需要。从而使社会公共服务更加专业，使社会事业的管理更加高效[19]。因此，不仅仅针对公共图书馆服务的效益考评，政府都迟早会以政府购买方式来替代原来的拨款模式，我们必须有充分的准备。

需要说明的是：对公共图书馆的财政资金拨款以政府购买方式加以管理，可能主要是为了考核、评价公共图书馆服务效益与成本之间的比例关系，希望公共图书馆能够以最小的财政支出保障人民群众的阅读和信息获取权益，与国外政府将社会服务通过合同方式外包给私营公司和民间非营利机构的政府购买行为有着本质的区别[20]。毕竟，公共图书馆是民主社会的一种制度[21]，有其特殊的使命和存在的理由[22]，应该成为政府满足人民群众基本文化需求的法定义务。而我们要做的，仅仅是如何在满足人民群众能够就近、方便、快捷、充分地享受公共图书馆服务的基础上，使公共财政支出最小化。这也是公共图书馆实现可持续发展的基本之道。

参考文献

［1］李晓. 宋朝的政府购买制度[J]. 文史哲,2002(3):139—144.

［2］李晓. 宋朝制定政府购买预算的基本依据[J]. 文史哲,2004(1):58—64.

［3］国家"十一五"时期文化发展规划纲要. 第三条第(八)款第2项.

［4］十七大报告第五条第七款、第四条.

［5］邱冠华. 人民的图书馆：公共图书馆服务向基层延伸模式研究[J]. 图书馆建设,2007(6):19—24.

［6］吴建中. 21世纪图书馆新论[M]. 2版. 上海：上海科学技术出版社,2003:103.

［7］梁朋,岳树民. 公共财政学[M]. 北京：首都经济贸易大学出版社,2003.

［8］吴建中. 现代图书馆管理的若干思考. 在长三角城市图书馆发展论坛上的报告[R]. 南京图书馆,2007-12-09.

［9］邱冠华,于良芝,许晓霞. 覆盖全社会的公共图书馆服务体系：模式、技术支撑与方案[M]. 北京：北京图书馆出版社,2004.

[10] 王世伟.城市中心图书馆向社会基层延伸的理论思考与实践探索[M]//王世伟.城市图书馆发展论丛.上海:上海社会科学院出版社,2006,13—27.

[11] 程焕文.岭南模式:崛起的广东公共图书馆事业[J].中国图书馆学报,2007(3):15—25.

[12] 林蓝.总分馆制管理模式下的社区图书馆建设[J].科技情报开发与经济,2005,15(13):7—8.

[13] 余子牛.图书馆总馆/分馆制的研究与实践[J].图书馆,2006(3):16—20.

[14] 褚树青.藤蔓再长,瓜落故乡——对公共图书馆服务定位的思考和实践[J].图书馆建设,2006(5):1—3.

[15] 李东来.整合资源 传播知识 建立城市图书馆公共服务体系[J].图书馆论坛,2005,25(6):302—304.

[16] 肖红凌,刘弘宇.因地制宜,建设可持续发展的规范化图书馆体系——以哈尔滨市图书馆社区分馆建设为例[J].图书馆建设,2007(3):8—10.

[17] 章明丽.市馆推动 政府主导 构建城乡一体的公共图书馆服务体系[J].山东图书馆季刊,2008(1):12—13.

[18] 屈义华.公共图书馆服务创新——佛山市禅城区联合图书馆的实践与思考[J].图书馆论坛,2005,25(6):305—307.

[19] 金龙芳.政府购买服务:实现公共服务职能转变[J].浦东开发,2007(11):46—47.

[20] 卡佳."购买服务"政府的钱不好花[J].社区,2005(5):28—29.

[21] 李国新.图书馆制度是支撑社会和谐发展的重要基石[N].人民日报,2006-01-13(16).

[22] 于良芝.公共图书馆存在理由:来自图书馆使命的注解[J].图书与情报,2007(1):1—9.

当前图书馆阅读推广工作的两点体会[*]

阅读的重要性不言而喻,许多专家学者有过论述。朱永新在很多场合反复强调"一个人的精神发育史就是他的阅读史,一个民族的精神境界取决于国民的阅读水平,一个没有阅读的学校永远不可能有真正的教育,一个书香充盈的城市一定是美丽的城市"。[1-2] 从而连续五年在全国两会上提案设立"国家阅读节",希望重建书香社会;王余光认为经典的阅读关乎中国文化的传承,"民族文化思想往往是要通过阅读来传承的",举例"一个中国科学家与一个外国科学家,区别不在'科学',而在'文化'"[3],呼吁国人阅读一些中国传统经典;范并思、刘炜则关注如何把图书馆2.0的基本理念向社会阅读延伸,将今年上海图书馆学会的2.0会议主题确定为"图书馆2.0与社会阅读",第一次把图书馆2.0与阅读结合起来。苏州市委、市政府则亲自主导全市的阅读推广,推动全市阅读,建立书香苏州,每年组织以"阅读,使苏州更美丽"为主题的阅读节,声势十分浩大、参与市民众多。

从阅读而言,有提倡经典阅读、反对功利性阅读的;有鼓励

---

[*] 本文刊登于《数字图书馆论坛》2009年第4期。

精读、反对读图的；有提倡自由阅读、反对阅读指导的；有提倡纸本阅读、反对读网的；有认为精读和读网一个都不能少等。这些研究，都有理有据。

从阅读与图书馆的关系而言，许多专家学者进行了深入的研究。根据"中国期刊全文数据库"(CNKI)和维普"中文科技期刊数据库"(VIP)的统计(以论文题名为检索途径,以"图书馆"分别与"社会阅读"、"大众阅读"、"全民阅读"、"阅读社会"搭配检索)，从2002年至2007年,共发表论文55篇[4]。另外，还有许多专题研究和著作。

但不管如何，图书馆培养读者阅读习惯、推动社会阅读的工作不会停止。在公共图书馆已经赢得存在理由的前提下[5]，从图书馆履行使命的本质要求和夯实图书馆赖以生存的基础出发，推动社会阅读已经成为公共图书馆功能之一。

从另一方面来看，图书馆又很难仅仅根据自己的意愿，对读者的阅读指手画脚，毕竟读者的阅读是一种权益，是一件自由的事，他们利用图书馆的目的各式各样，阅读的目的也千差万别。

因此，图书馆在工作实践中，究竟需不需开展阅读指导、怎样进行指导？对此，笔者有两点体会。

1. 读者的阅读，有当前目的和长远目的

社会的进步有赖于人的全面发展。我们在许多时候都把阅读的目的放到社会进步中去认识，从政府、社会、图书馆等层面来看问题，这无疑是正确的。但对具体的读者个体而言，阅读肯定有其自身的目的。因而图书馆针对阅读的指导、引导，往往都有

特定的对象,是希望一个一个的人能够阅读,能够养成良好的阅读习惯,能够运用科学的方法,在合适的时间、合适的场合、阅读合适的书[6],能够通过阅读获取他(她)所需要的信息和知识。

人从出生开始,始终处于学习的过程之中,这是人自我生存和发展的需要。随着社会的进步、社会知识总量的积累,人能够通过自身亲身经历直接获得的知识与需要的知识总量相比,占的比重越来越小。而间接知识的获取,其途径主要就是阅读。人的成长,固然无法预测今后的发展方向,但在阅读兴趣驱使下的阅读从而积累起来的知识,却往往会使他向某个方向发展,这样的例子可以举出许多。

因而,人的阅读目的,其实需要区分当前目的和长远目的,当然,两种目的有时可以同时得到满足。满足长远目的,也不完全是为了个人一定向某个方向发展,有时只是作为一个社会人一种必备的知识积累,是个人融入社会的一种必需。这种知识的积累,往往决定人在社会中所处的层次和圈子。因此,我们有时所说的"兴趣圈",其实不如说是"知识圈"来得更贴切。

从阅读的本身来看,读者的阅读确实是一件私密的事,许多国外图书馆都把读者阅读及其内容作为读者的隐私加以保护。读者阅读什么,是读者根据自身需要(目的)的一种自我设计。复习迎考的学生在读题库,论文写作的读者在检索参考文献,爱打扮的读时尚杂志,休闲的读者漫无目的、随手翻阅,老年读者主要读报,工程技术人员往往检索标准专利。确实,每位读者都有自己的喜好、自己的习惯、自己的目的。

阅读的目的,往往会决定读者的阅读方法。研究者的阅读大概会使用精读,休闲者可能是浏览。而且,这种角色并非一成不变,研究者有时会成为休闲者,休闲者有时就是研究者。

成熟的读者,知道自己什么时候应该使用什么阅读方式。对于这样的读者,图书馆要做的,是如何提供适用的文献资源和服务手段,如便利的检索条件、丰富的馆藏资源、快捷的参考咨询、良好的服务环境、简便的借阅手续等。

然而,可能大多数的读者特别是青少年学生并不具有这样的水准。对于他们来说,除了依靠阅读来解决当前的需求外,许多目的可能连他自己都不甚明了,甚至连对阅读要解决的这个需求(目的)本身的理解可能也是不正确的。从人的知识面来说,除了自己关心的话题、工作的业务、研究的专业外,对本国、本民族、本地区的历史、文化、人物、地理等总需要有所了解,这是他(她)与人交流的话题,是能否很好地融入社会的前提条件之一,能否赢得别人尊重的要素之一。按照马斯洛《需要层次论》的原理,人在生存和安全需要得到满足后,社交和受尊重的需要就会紧随其后。当人与人之间的交流发现对方知识渊博时,一般就会表露出尊重,如果某个人受到一群人的尊重,他的社会地位一般会随之上升。人的社会活动需要有平等的地位,处于互相尊重的基础之上。而名著的选择、经典的阅读,往往是这种知识的来源,是社交的主流话题。当读者因自身经验不足还没有意识到经典阅读是自身长远需求或者可能影响今后人生的重要性时,图书馆发挥自身的专业特长进行阅读的引导是完全需要的。

由于出版物数量的巨大,阅读对青少年读者来说,可能更加盲目。在经济利益的驱动下,不少出版物存在低俗情况。青少年阅历尚浅,价值观、世界观还未最终形成,对图书内容的判别和鉴赏能力不足，不说一定会受到了负面的影响，至少浪费了宝贵的阅读时间。因此，青少年读者是图书馆开展阅读指导的主要对象。

当计算机网络技术的运用，导致数字鸿沟时，对弱势人群（特别是青少年和老年人）进行计算机网络知识的普及，也是图书馆推广阅读中应该开展的工作。需要进行阅读指导的另一个理由是，阅读的习惯、方法会决定阅读的效率。图书馆进行指导，不仅仅是推荐书目、经典导读。良好的阅读方法是前人经验的总结，适时地介绍给读者，让其知晓什么时候可以"不求甚解"，什么时候应该"强记博学"，不使其随心所欲。特别是青少年，及早掌握良好的阅读方法，对提高自身的阅读效率会有极大帮助。

有了这样的思考，苏州图书馆在阅读上既进行经典阅读的引导，也提供读网的便利。尽管图书采编的平均复本量控制在1∶4，但在每个分馆，都有300多种中国经典和世界名著，这些图书不受复本量的控制，每所分馆都有一套，其目的，也是对读者阅读的一种引导，希望读者有时间能够阅读这些图书。但同时，总馆除了保留50台电脑的收费电子阅览外，全馆另外100多台电脑、分馆的所有电脑，都免费提供读者使用和上网，而且，大量开展"扶老上网"的培训活动。另外，我们开展推荐书目、新书导读、设立专架，还大量开展主题读书活动、阅读讲座、阅读辅导、家长沙龙、绘画比赛、电影播放、音乐欣赏等，这些活动，不仅在总馆开展活动，还在15所分馆联动。

2. 纸本阅读与网络阅读仅仅是阅读需求不同的行为选择，不可偏废

这个问题，已经有许多专家学者从理论上进行过论证。这里

使用一些苏州图书馆数据(见下表)。

	纸质藏书(万册)	到馆读者(万人次)	外借册次(万册)	电子图书藏量(万册)	电子书阅读量(万人次)	数据库下载量(万篇)
2006年	110	152	59.6	41	4	23
2007年	118	201	93.8	44.6	4.8	18
2008年	138	316	117.1	44.6	4.4	19

注:纸质藏书包括15所分馆的藏书。到馆读者中,包括分馆的到馆读者人次,分别为6万、39万、89万。

同样是电子阅读,电子图书因其阅读习惯或合适性不如纸本,读者大量选择纸本图书,因而纸本图书的外借量远远大于电子图书;但对以学术论文为主的数据库而言,其检索方便程度远大于纸本期刊。这说明,使用电子读物,读者是利用其方便检索的功能,而阅读,还是以纸本为主,这也符合阅读目的决定阅读方式的结论。当然,这仅仅是针对图书馆而言。

苏州图书馆是地市级公共图书馆,读者以普通阅读需求为主,研究性阅读需求较少。根据本馆对16周岁以上(少儿读者除外)的持证读者职业的统计,最多的是企业单位普通职工,其次是学生,科研和专技人员只占19.51%,其他为离退休人员、教师、公务员、自由职业者、军人。由于实行免证阅览,到馆读者中存在大量并未办理借书证的情况(特别是老年读者),使科研和专技人员在实际读者中所占的比例还要更低一些。

在这样的读者结构面前,普及性、休闲性阅读占据着很大的比重,从外借图书的排行榜来看,前20名都是小说、前10位则一般均为武侠小说,这种情况从开展这个统计以来一直保持到现在。

从数字资源管理上,本馆的馆藏电子图书可以凭读者证远程登录,即利用办公室或家中的电脑和网络,就可实现在线浏览或者下载阅读,而其他外购数据库需要到馆(包括到分馆)使用,方便程度远不及电子图书。但数据库的使用人次仍比电子图书的使用人次要高出许多。这需要我们再作深入的研究吗?结论是现成的,调查和统计数据仅仅是佐证一下。

阅读习惯也是一个影响阅读的重要因素之一。从目前的大多数人来说,从小养成的习惯是读纸本图书,这与从小学念书开始,使用的课本等是纸本的有直接的关系。但纸本图书又确实不仅仅是知识内容的载体,其物理上的特性会给阅读者以感官上的享受,同时,其版本、用纸、版面、装帧等无不是一种文化的体验。

但在信息和资料检索时,数字化资源就充分显现出优势性,在及时获取信息方面,网络也表现强大的优势。这可能就是许多专家阐述过的:学习知识与获取信息其实是两个不同的概念,学习知识需要纸本、需要精读,检索信息需要网络、需要浏览。

对上网的行为,其实可以进一步细分。数据库的使用、电子图书的使用,可以成为一种非常高效的阅读,特别是针对某项研究,使用数据库和电子图书的检索,比利用纸本要快捷得多,在查全率上,更是无法相提并论。但上网却并不等于阅读,根据中国互联网络信息中心公布的《第20次中国互联网络发展状况统计报告》的数据,排在用户上网目的第一位的是休闲娱乐,达到37.9%;其次是获取信息,有37.8%的网民选择;排在第三的是学习与知识浏览,有10.3%的网民选择;选择其他上网目的的网民所占比例则很小,均低于10%[7]。由于该报告中居然未列出网络游戏所占的比重，可以断定，如果考虑到调查设计者或被调查者的一方或双方有意回避上网游戏的选择，实际通过网络来学习知识和获取信息的比例还会进一步下降。由于该比例的分母高达1.62亿人，再乘上平均上网的时间，其任何一个调查项目的人群花费在网络浏览上的时间可能都会形成了一个庞大的绝对数。但网上浏览的效率是非常低下的，"阅读过程受强烈的猎奇心理所控制"[8]，时常会有这样的情况出现：有时开始是为一个条目的检索，但随着网上信息的泛滥，当自己被某一条似乎是热点信息所吸引而随手点击时，就开始改变自己上网时的初衷，其结果可能是浏览到最后，自己已经忘了当时上网究竟要解决什么问题、获取什么信息。

有些学者认为只要是能获取信息和知识的，都是阅读。这个观点由于扩大了阅读概念的外延，已经超出了我们这里讨论的阅读主题的范畴，至少本人并不完全同意。

网络给我们带来巨大信息的同时，也产生庞大的信息垃圾，这既使大量读网的读者无所适从，又使得漫无目的的读网主要成为一种消遣，而且这种消遣性浏览与休闲性阅读还不是一回事。因而有些专家学家并不认可把读网作为阅读的范畴，原因可能也在于此。也正因为如此，克服网络阅读信息泛滥这种弊端以及图书馆为读网提供阅读引导的工具也应运而生，RSS可以有效订制信息、聚集信息，被称为"信息之水天上来"；博客被称为"信息交互的亲善大使"；Wiki则被冠以图书馆资源建共享古老传统内涵基本一致的"知识的共创与共享"[9]。这些工具，把图书馆的阅读指导寓于与读者交流的互动之中。

阮冈那赞的"图书馆是一个生长着的有机体"，恰当地比喻着图书馆面对每次新环境、新技术、新变化，都从不退缩、迎面而上、完善自身。同样如此，图书馆界从来没有停止过在新形势下开展阅读指导的探索和实践。国家图书馆在去年开始在网站的首页上开设了博客；上海图书馆今年开始推出外借电子阅读器服务试点，读者可以方便地感受数字化阅读和新技术带来的便利。苏州图书馆经过近两年时间与中国移动的合作开发，于2008年10月正式推出"掌上苏图"，不仅可以进行各种信息（如图书到期催还、讲座展览信息、活动信息等）的短信订阅，还可以检索读者自己的个人信息、馆藏书目、馆内动态，电子图书的阅读，参考咨询和全文传递，仅仅因为无线带宽不够，视频资料尚未实现流畅传送。应该说，这种服务已经不仅仅是单向的推送，而是带有了图书馆2.0服务的色彩，不但有读者的主动获取，更有读者与图书馆的互动。

信息技术的日新月异，为阅读这个古老的行为提供了新的方法，如同我们的旅行有了新的代步工具。图书馆在新形势下因循守旧不行、盲目追新而丢弃优秀传统也不行。我们只能在保持优秀传统的基础上因势利导，充分利用新技术、开展新服务，使传统与现代交融、纸本与网络并举、读者与馆员互动。只为一个目的：让阅读成为国民生活的一部分。

参考文献

[1] 朱永新. 新教育之梦——朱永新博客. [2009-04-04]http://blog.

sina.com.cn/s/blog_4aeb7d930100cemq.html.

[2] 朱永新. 将阅读进行到底[J]. 北京教育(普教),2006(4):1.

[3] 王余光. 信息时代的三个阅读问题[J]. 新世纪图书馆,2006(6):3—5.

[4] 王余光,李雅. 图书馆与社会阅读研究述略[J]. 山东图书馆季刊,2008(2):4—12.

[5] 于良芝. 公共图书馆存在的理由:来自图书馆使命的注解[J]. 图书与情报,2007(1):1—9.

[6] 邱冠华. 大众阅读指导与和谐社会[J]. 图书馆建设,2006(5):10—11.

[7] [2009-04-04]. http://download.csdn.net/source/613730.

[8] 周世辟. 现代阅读的优点及流弊[J]. 图书馆论坛,2007(12):91—93,69.

[9] 图书馆2.0工作室. 图书馆2.0:升级你的服务[M]. 北京:北京图书馆出版社,2008(4):57,99,131.

公共图书馆的设置与体系建设研究^{*}

1. 引言

《公共图书馆法》立法，需要为形成覆盖全民的公共图书馆服务体系选择合理的建设体制。我们面对的基本选择是：或者按现有行政层级建成四级甚至五级相对独立的公共图书馆，由公共服务能力最薄弱的乡镇、街道、村、社区来承担基层图书馆的建设和管理责任；或者借鉴其他国家（如英国、澳大利亚、印度）的体制，由某一级政府（独立地或在其他级别政府的补贴下）在辖区内合理规划、布局和设置一群图书馆（总分馆），由总馆和其固定分馆覆盖人口比较集中地区，由流动图书车覆盖人口分散地区；总馆、分馆和流动图书车由该级政府及其指定的总馆集中管理。显然，这两种体制的最大区别在于建设主体的选择和界定，因而，选择合理的建设体制在很大程度上就是合理地选择和界定公共图书馆服务体系的建设主体。

---

* 本文为《公共图书馆法》立法支撑研究子课题的成果之一，由笔者与于良芝、李超平、高文华、屈义华五人共同完成，刊登于《中国图书馆学报》2010年第2期。

本研究对以下问题做出考察和分析：（1）新时期的公共图书馆事业选择哪种体制更有利于形成持久高效、覆盖全民的公共图书馆服务体系；（2）在综合考虑我国现有行政体制、地方政府财政能力以及总分馆体系的规模的情况下，哪一级政府更适合承担建设覆盖全社会的公共图书馆服务体系的主要责任。

2. 研究方法

支撑本文的研究主要由三部分调研组成。第一部分是对不同体制下的公共图书馆服务体系进行成本分析（包括建设成本和运行成本）。这部分调研以广东佛山市禅城区、广东东莞市、浙江嘉兴市、江苏苏州市、深圳南山区为案例。调研从2009年2月份开始，黑龙江省馆、哈尔滨市图书馆、佛山禅城区图书馆、嘉兴图书馆、苏州图书馆等专门为本课题提供了各自总分馆（流动图书馆）的建设和运行数据。根据各地的数据，我们对每个总分馆体系中的分馆按照两种模式（总分馆模式和单独设置模式）分别计算了其设置成本和运行成本，比较了总分馆模式中的基层图书馆建设成本和单独设置的基层图书馆建设成本的差别，然后以总分馆模式下的成本为经验数据，估算了在这些地区建设全覆盖的公共图书馆服务体系的总成本。另外，我们还通过公开发表的文章和政府文件，获取了东莞和深圳市南山区总分馆建设运行的成本数据。

第二部分调研是针对地级市政府和县级政府财政能力的统计分析，以确认它们作为我国公共图书馆服务体系主要建设主体的能力。这部分调研以五个省份随机选择的市县政府为样本,通过公开出版的统计资料收集了它们在过去几年的财政数据,然后根据全覆盖的假定标准计算了相对完善的公共图书馆服务体系占其财政收入的比例。抽样过程和本研究采用的主要数据项如下:

(1) 本研究首先按照经济发展状况和地域分布,抽取了辽宁、陕西、湖北、江苏、广东五个省份作为样本;再按经济水平和地域分布从每个省份选取若干地级市样本;然后从该省每个市的区县列表中抽取倒数第二个作为县级样本。这样,我们得到了省、市、县三级的调查样本的一些基本数据。

(2) 参照国内外的一些标准、指标,我们暂时确定每5万人一座图书馆为我国现阶段公共图书馆的全覆盖标准。

(3) 县级以上(不包括县级,下同)城市按城区(市本级)人口数计算应设置的图书馆数量,县级按全县人口数计算应设置的图书馆数量。

(4) 参考《公共图书馆建设标准》,假定县级以上城市按城区人口总数设置最高级别(大型、中型或小型)的图书馆,此外按5万人一所(450平方米)设置分馆;县级按全县人口总数设置最高级别的图书馆,此外按5万人一所(450平方米)设置分馆。其中450平方米的建设面积是禅城、嘉兴、苏州三地分馆面积的平均数。

(5) 大、中、小型图书馆的设置面积按《公共图书馆建设标准》的计算表格进行换算。

(6) 建筑成本(土建、消防、强弱电、空调、给排水等):大型馆按5 000元/平方米计算、中型馆按3 000元/平方米计算、小型馆和分馆按1 500元/平方米计算。

（7）装修和设备成本（建设成本），按每平方米1 000元计算。

（8）运行成本：大中型馆按每平方米1 000元计算，小型馆按每平方米300元计算；单位成本是在参考苏州、嘉兴、佛山总分馆数据资料的基础上，综合考虑地区因素后的经验数值。

第三部分调研是对10位财政官员（其中8位是县、区的财政局长）的访谈调研，以了解现有分级财政体制对基层公共服务，特别是公共图书馆服务的影响。访谈对象主要来自本课题研究者所在地区，不具有统计意义的代表性，但基本涵盖了发达和欠发达两类地区。

3. 从成本核算看公共图书馆建设体制和建设主体的选择

普遍均等、覆盖全民的目标对公共财政的支付能力提出了新的要求。建设覆盖全社会的公共图书馆服务体系究竟需要多少建设资金，每年需要多少运行成本？如何在效益目标（即覆盖全社会）既定的前提下使成本最小化？弄清这些问题后，立法者们才能根据各级政府的财政承受能力，设计既能保证全覆盖，又能使服务成本最低化的公共图书馆服务体系。

近年来，我国一些地区已经开始探索实施总分馆制的途径。这些探索为我们比较不同体制下覆盖全社会的公共图书馆服务体系的建设成本提供了经验数据。本研究选择的案例大都以紧密型总分馆为特征。选择紧密型总分馆进行成本分析是因为这一模式最完整地反映着总分馆的内在规律（人财物统一管理、分馆按一定的科学要求合理布局、资源在体系内部充分流动和共享、体系内提供的服务基本一致等），也最有可能降低成本。

（1）案例地区分馆建设的实际成本分析

本研究分析的第一个案例是广东省佛山市禅城区联合图书馆。禅城区联合图书馆是国内第一个由政府主导的真正的总分馆体系，实行人财物统一管理，资源完全共享，图书通借通还，目前已建成7个分馆。分馆投入除馆舍由当地镇提供外，建设和运行资金均由禅城区政府承担，并交禅城区图书馆运作，人财物统一由区图书馆管理。本文按研究方法中陈述的计算方法，核算了联合图书馆的三个分馆的建设和运行成本，结果显示，这三个分馆如果独立运行，建设成本将增加157万元，年度运行成本将增加63.4万元。

第二个案例是东莞市"集群图书馆"总分馆体系。该体系有一个总馆（东莞图书馆）、40个分馆、100个社区服务点，其技术基础是Iternlib系统平台。总分馆均有各自独立的文献资产权，可以通借通借。通过对李东来馆长公开发表文章中的数据比较，总分馆体系中的26个分馆的建设成本比其单独设置所需成本节省324万元，年度运行成本节省134.5万元[1]。

第三个案例是苏州图书馆总分馆体系。苏州的总分馆至2008年年底共开放了14所分馆。苏州的总分馆是一种紧密而扁平的结构，只有总馆和分馆两级，由苏州图书馆与各区政府、街道及其他机构合作，实行全面委托管理。分馆建设协议规定：由合作方提供分馆的馆舍、装修、设备、物业费用，并向苏州图书馆每年提供运行经费委托苏州图书馆管理，苏州图书馆负责文献资源提供及定期调配、委派人员负责开放服务，并实行紧密型管理和完全通借通还。从表1中可以看出,苏州这14个分馆如果单独运行,将增加建设成本538万元,每年增加运行成本390万元。

表1 总分馆模式与单馆管理模式下的基层图书馆建设成本比较

(单位:元)

	馆舍面积	总分馆模式		单独设置		节省成本	
		建设成本	运行成本	建设成本	运行成本	建设成本	运行成本
禅城澜石分馆	1 300	1 375 023	337 982	1 901 023	595 982	526 000	258 000
禅城环市分馆	800	853 416	324 372	1 379 416	512 372	526 000	188 000
禅城张槎分馆	530	670 432	334 906	1 196 432	522 906	526 000	188 000
东莞26个分馆		1 040 000	1 204 000	4 280 000	2 549 000	3 240 000	1 345 000
苏州沧浪少儿	160	205 100	150 440	361 100	275 440	156 000	125 000
苏州润达社区	250	235 660	82 400	525 660	346 400	290 000	264 000
苏州旸园社区	120	147 940	67 400	437 940	331 400	290 000	264 000
苏州新康社区	200	188 100	77 400	478 140	341 400	290 040	264 000
苏州新升社区	190	213 520	106 400	503 520	370 400	290 000	264 000
苏州历史街区	140	161 760	116 400	451 760	380 400	290 000	264 000
苏州馨泰社区	150	179 140	101 400	469 140	365 400	290 000	264 000
苏州枫桥工业园	150	172 840	116 400	462 840	380 400	290 000	264 000

续 表

	馆舍面积	总分馆模式		单独设置		节省成本	
		建设成本	运行成本	建设成本	运行成本	建设成本	运行成本
苏州妇儿中心	180	190 660	121 400	480 660	361 400	290 000	240 000
苏州工人文化宫	160	221 600	121 400	511 600	385 400	290 000	264 000
功上东浜社区	250	275 840	126 400	565 840	390 400	290 000	264 000
苏州狮山社区	158	181 080	121 400	471 080	385 400	290 000	264 000
苏州金阊区	500	489 060	236 800	1 117 060	684 800	628 000	448 000
苏州胥江中学	1 832	1 903 160	358 200	3 311 160	806 200	1 408 000	448 000
嘉兴余新分馆	500	470 000	238 980	1 256 000	481 980	786 000	243 000
嘉兴大桥分馆	800	600 000	262 280	1 516 000	570 280	916 000	308 000
嘉兴王江泾分馆	500	500 000	238 480	1 286 000	481 480	786 000	243 000
合计		10 274 331	4 844 840	22 962 371	11 518 840	12 688 040	6 674 000

第四个案例是嘉兴图书馆总分馆体系。2007年，嘉兴的总分馆由自主创新进入政府主导阶段。嘉兴图书馆每建一个乡镇（街道）分馆，嘉兴市政府投资30万元的购书经费；建设资金由市政府、区政府和乡镇（街道）各出资10万元，运行经费也由市政府、区政府和乡镇（街道）各出资10万元，另增加嘉兴图书馆两名编制（其中一名编外合同制职工）。嘉兴图书馆向每所分馆派

遣负责人（分馆馆长），其他工作人员由当地乡镇（街道）配备，总分馆体系内的资源充分流动和共享，外借图书实行通借通还。至2008年年底，嘉兴图书馆共建成9所分馆。根据嘉兴图书馆提供的三所分馆的数据来分析，如果这三所分馆如果单独运行，需要增加建设成本250万元，增加运行成本79万元/年。

本研究的第五个案例是深圳南山区的总分馆。2003年，深圳图书馆之城建设启动，南山区政府在随后的两年中投资635万元，至2005年底建起了60多家社区图书馆，而按照余子牛馆长的调研，这些社区图书馆中，超过50%利用率低下，许多社区图书馆并无专用场地[2]。因而南山区图书馆提出要改革社区图书馆的建设模式，并于2005年12月合作开设了众冠分馆，实行紧密型管理。

2008年8月，深圳南山区政府同意南山区图书馆作为总馆，对原分散的街道社区图书馆进行整合，先行试点7个分馆，由南山区政府安排建设资金458.92万元，并把今后的运行经费列入南山区图书馆的部门预算。至此，南山区图书馆的总分馆体系部分地进入政府主导。按南山区图书馆向南山区政府递交的方案计算，整合后，不仅每个分馆的运行成本会因为资源共享而下降、效益因统一管理而上升，还会消除各自为政而出现的重复建设，使总分馆体系所需分馆数量从2007年底的84家降到30所分馆（同时配备2辆流动图书车）[3]。从深圳南山区的总分馆发展轨迹来看，可以很清晰地看出紧密型总分馆体系与相互独立的图书馆群在成本和效益上的巨大差异；对分散的各自为政的基层馆进行整合改造是一个负责任的地方政府的必然选择。

(2）在案例地区建设覆盖全社会的公共图书馆服务体系的成本估算

在上述地区，目前的分馆建设规模都还十分有限，距离全覆盖还相差很远。一旦要建成全覆盖的公共图书馆服务体系，总分馆覆盖模式带来的成本节省可以达到什么程度？表2是按每5万人一座分馆，每个分馆450平方米的经验性数据计算的案例地区成本节省情况（经验数据的来源，详见研究方法部分）。根据这些数据和分析，至少在上述五个地区，如果将总分馆体系中的分馆独立设置，并假定其资源和服务均达到"分馆"水平，那么，其单位成本和总成本都会大幅度增加。

表2 一个地区按总分馆模式可以节约的图书馆建设成本和年度运行成本

	平均1个分馆节约的建设成本	平均1个分馆节约的年度运行费	节约的建设成本合计	节约的年度总运行成本合计
佛山禅城区	52.6万元	21.13万元/年	631.2万元	253.56万元/年
东莞市	12.46万元	8.87万元/年	1731.94万元	1232.93万元/年
苏州市区	38.4万元	27.87万元/年	3072万元	2229.6万元/年
嘉兴市	83.27万元	26.47万元/年	6828.14万元	2170.54万元/年
深圳南山区	65.56万元	12.68万元/年	3540.2万元	684.72万元/年

注：深圳南山区按可以减少的图书馆（54个）来计算节省的总成本，其他地区按人口数计算需建的图书馆数量计算节省的总成本。

从上面五个地区的比较分析可以发现，总分馆体系下的分馆与独立运行的图书馆的成本差异主要产生于规模经济效果。按过去的体制，一级财政只负责自己本级相应的图书馆的建设和运行。即使在一个城市中，市、区都各自需要有自己的图书馆，因此各自需要配备图书馆必需的各方面专业人员，每个图书馆都要有自己的行政管理班子、后勤保障班子、计算机技术维护班子，要有自己的书库、网站、数据库，要有自己的图书采访、著录、加工。所以，各个图书馆之间不仅文献资源采购会大量重复，还会有行政人员、财务人员、采访人员、采编人员、计算机网络人员等重复。总分馆制中的分馆至少可以从两个方面受益于规模经济效果：一是分馆因有总馆在专业、技术、行政、后勤等方面的支撑而节省的人员成本；二是因分馆在资源上通过总分馆体系内（包括总馆和其他分馆）的统一采编、充分流动、按需调配等共享方式而节省的资源建设成本。

从图书馆的实践来看，图书馆专业服务的不可替代性，主要是通过专业人员作用于馆藏资源而得以实现，而且，专业人员和馆藏资源是图书馆所有成本中最大的两块成本。分馆恰恰可以依托总馆压缩上述两方面的成本，降低全覆盖的公共图书馆服务体系的建设成本。

4. 从地方政府财政能力和总分馆体系规模看建设主体的选择

历史的经验和当前的实践都表明，我国建设全覆盖的公共图书馆服务体系的关键是建立健全基层图书馆，而建立健全基层图书馆的有效途径是把基层图书馆建设纳入一个总分馆体系。根据总分馆体系的内在规律，这意味着由总馆的建设主体在其辖区建设统一规划、统一投入、统一管理、服务一致、资源充分共享的图书馆群。

在一个总分馆体系的设计中，体系规模的大小，可以从两个方面来考虑：一是从管理的角度（层次与幅度的关系），另一是从成本的角度（效益最优）。规模的大小决定了建设主体的层级，如果从这个角度出发，还有一个需要考虑的重要因素，就是建设主体的财政承受能力。这要求我们进一步考察以下问题：按照全覆盖的要求，各个省（市）、市、县（区）等需要设置多少个图书馆，设置这些图书馆需要多少建设资金，每年开展服务需要多少运行成本，各省、市、县的经济实力（我们选择"财政地方一般预算收入"作为经济实力的指标）是否能够支撑起这些公共支出。

由于这些问题直接关乎公共图书馆建设主体的现实性和可行性，并关系到能否真正建立起覆盖全社会的公共图书馆服务体系，本课题组根据研究设计中的陈述对全国不同地区进行了抽样调查，并对一些县、区的财政局长进行了访谈。抽样调查中五个省的面积、人口与经济平均水平见表3、表4：

表3 样本地区中地级市城区的平均数据

样本地区	平均面积（km²）	平均人口（万人）	财政地方一般预算收入（亿元）		
			样本平均数	样本中最大值	样本中最小值
辽宁省	1 422	187.66	89.8	231.54	8.62
陕西省	2 879	269.7	26.72	108.01	1.94
湖北省	2 789	154.37	24.32	221.68	2.9
江苏省	2 019.8	253.63	100.1	225.86	25.58
广东省	2 255.3	491.54	231.03	658.06	7.34

表4 样本中县(市、区)域数据

样本地区	平均面积（km²）	平均人口（万人）	财政地方一般预算收入（亿元）		
			样本平均数	样本中最大值	样本中最小值
辽宁省	2 710.2	48.19	2.445	5.3	1.2
陕西省	2 164.4	28.8	0.883	3.15	0.05
湖北省	2 509	73.8	1.97	5.1	0.88
江苏省	1 534.77	90.4	17.18	82.33	4.01
广东省	1 754.5	60.2	7.35	70.47	0.24

注：表3及表4的数据均来自（或通过计算）五省政府网站2007年的"社会和经济发展报告"、"政府工作报告"及"财政决算报告"。

（1）样本地区全覆盖的公共图书馆服务体系应设置的图书馆数量与面积估计

表5显示了按前述覆盖标准样本地区部分市、县（人口最大和最小市县）需要设置的图书馆数量和相应面积。

表5 调查样本地区需要设置的最多与最少图书馆个数与面积

（单位：个、平方米）

	省、市级城市需要设置的图书馆个数与面积					
	人口最大市		人口最少市		平均	
	个数	面积	个数	面积	个数	面积
辽宁省	103	88 000	10	10 900	38	36 542
陕西省	129	104 500	9	10 200	34	31 800
湖北省	179	136 100	8	9 150	31	29 804
江苏省	108	94 150	16	6 750	51	48 700
广东省	174	132 950	15	16 000	98	80 807

续 表

	县（区）要设置的图书馆个数与面积					
	人口最大县		人口最少县		平均	
	个数	面积	个数	面积	个数	面积
辽宁省	16	17 150	1	450	10	11 661
陕西省	13	13 600	1	450	9	6 480
湖北省	31	32 400	7	8 000	15	16 333
江苏省	26	28 250	6	7 050	18	20 350
广东省	69	65 050	1	450	15	16 943

（2）图书馆设置的建设资金占各地财政地方一般预算收入的比重

如表6所示，假定按前述全覆盖标准，由样本地区的市政府、县政府分别在市本级（城区）和全县建设全覆盖的公共图书馆服务体系，同时考虑基础设施的建设过程可以在若干年内稳步实现，建设成本对经济较发达地区的市县政府而言并不会造成太大的财政负担。但在有些地区，市县政府在可预见的未来，还很难具备如此财力。例如在湖北省经济力量最薄弱的地级市，全覆盖的公共图书馆服务体系建设成本将占财政地方一般预算收入的32%；在经济力量最薄弱的县，将占到139%。即使我们考虑基础设施的建设过程需要很多年来稳步完成，这也是一个不小的财政投入。这并不意味着我们需要放弃建设覆盖全社会的公共图书馆的服务体系的目标，而是提醒我们：在很多地区，建设全覆盖的公共图书馆服务体系的任务不是一级政府可以独立完成的，需要两级甚至更多级别的政府的联合投入。

表6 样本地区全覆盖的公共图书馆设置经费占财政地方一般预算收入的比重

	省、地级城市			县（区）级地区		
	最小(%)	最大(%)	平均(%)	最小(%)	最大(%)	平均(%)
辽宁省	1.00	7.15	1.61	0.74	42.02	16.37
陕西省	1.28	23.8	4.49	2.23	124.42	24.92
湖北省	2.42	31.99	4.46	13.07	138.82	29.75
江苏省	1.37	6.4	2.04	1.11	19.47	4.03
广东省	0.8	7.43	1.42	3.14	63.42	8.58

（3）图书馆设置后的运行资金占各级财政地方一般预算收入的比重

首先要说明的是，这里的运行成本是按照总分馆体系的成本计算的，即各个小型图书馆的成本均指"分馆"状态下的成本，其单位成本按目前几个地区总分馆的运行成本的经验数值确定，取低值。

如表7所示，一旦建成全覆盖的公共图书馆服务体系，这个体系的运行成本在很多地区也将超出单一建设主体（市政府或县政府）的独立承担能力，这表明，公共图书馆的运行成本也需要两级甚至更多级别政府的联合投入。

表7 全覆盖的公共图书馆运行经费占财政地方一般预算收入的比重

	省、地级城市			县（区）级地区		
	最小(%)	最大(%)	平均(%)	最小(%)	最大(%)	平均(%)
辽宁省	0.176	1.68	0.31	0.175	9.998	3.86
陕西省	0.305	5.45	0.90	0.448	13.55	5.86
湖北省	0.44	7.61	0.95	3.11	10.87	8.88
江苏省	0.248	1.115	0.37	0.261	4.57	0.95
广东省	0.142	1.75	0.25	0.703	10.64	1.84

表8和表9的数据进一步表明,有52.6%的县级以上城市和85.3%的县,全覆盖的公共图书馆服务体系的运行成本将超过其现有财政地方一般预算收入的1%;或者有26.3%的县级以上城市和76.5%的县,全覆盖的公共图书馆服务体系的运行成本将超过现有财政地方一般预算收入的2%。

表8 县级以上公共图书馆服务体系运行成本占财政地方一般预算收入的比例

	样本数	按比例分布的样本数						
		≤0.5%	0.5%~1.0% 含1.0%	1.0%~1.5% 含1.5%	1.5%~2.0% 含2.0%	2.0~2.5% 含2.5%	2.5%~3.0% 含3%	>3%
辽宁	6	3	2	0	1	0	0	0
陕西	6	1	1	0	1	1	0	2
湖北	13	1	0	3	2	3	1	3
江苏	6	4	1	1	0	0	0	0
广东	7	5	0	1	1	0	0	0
合计	38	14	4	5	5	4	1	5
%	100	36.84	10.53	13.16	13.16	10.53	2.62	13.16

表9 县级公共图书馆服务体系运行成本占财政地方一般预算收入的比例

	样本数	按比例分布的样本数						
		≤0.5%	0.5%~1.0% 含1.0%	1.0%~1.5% 含1.5%	1.5%~2.0% 含2.0%	2.0~2.5% 含2.5%	2.5%~3.0% 含3%	>3%
辽宁	13	1	0	0	0	1	3	8
陕西	10	1	0	0	0	0	2	7
湖北	12	0	0	0	0	0	0	12
江苏	13	2	2	2	1	2	0	4
广东	20	0	4	3	0	0	2	11
合计	68	4	6	5	1	3	7	42
%	100	5.88	8.82	7.35	1.47	4.41	10.3	61.77

对财政局长的访谈进一步证实,即使在较发达的地区,(市)县政府也认为它们不具备独立地在辖区建设和维持全覆盖的公共图书馆服务体系的能力。这一方面是因为财政能力不足,另一方面是因为图书馆专业人员的匮乏。(注:2009年2月至4月,课题组分别与天津市武清区财政局冯局长、李科长,天津市河西区财政局白局长、王局长,湖南省衡阳市南岳区财政局杨局长,苏州市平江区财政局王局长,苏州市财政局科教文卫处吴处长、严处长,伊春市西林区财政局李局长,黑龙江省密山市财政局李局长等十位财政官员进行了调查访谈。)

5. 结论与建议

1949年以后,我国公共图书馆的设置基本上是按"各级政府分级设置图书馆"的模式形成的。这个模式因为植根于我国政府的其他体制(如行政体制、财政体制)而变得天经地义和牢不可破。然而,在建设覆盖全社会的公共文化服务体系的背景下,实现普遍均等图书馆服务的难度和巨大成本已经容不得我们继续忽略现有体制的合理性问题。

我们的研究显示:(1)按现有体制(各级政府分级独立设置图书馆)建设覆盖全社会的公共图书馆服务体系,将十分昂贵和低效,因而不可能实现可持续发展(特别是在农村);(2)现有体制因为把覆盖大多数人口的重任交给了经济能力最弱的基层政府,由此形成的公共图书馆服务体系,即使是"全覆盖"的,也不可能实现普遍均等;(3)将基层图书馆的建设主体适当上移并按总分馆制为主要形式构建公共图书馆服务体系,就可以极大地节省全覆盖的公共图书馆服务体系的建设成本，提高其普遍均等和可持续发展的能力；（4）在现有政府行政体制中，市政府（特大城市除外）和县政府比较适合成为覆盖全社会的公共图书馆服务体系的直接责任者：一方面，在这些区域设置的图书馆群的规模比较适中，便于管理；另一方面，通过对该图书馆群的统一规划、集中管理，可以取得比较显著的规模经济效果，节省成本；（5）我们现在尚不能确切判断在政府职能完成转型、公共财政体系完全确立之后，政府对公共图书馆的支出占多大比例为宜[2008年我国文化支出占财政支出的0.6%[4]，2007年县级以上公共图书馆的支出（45.05亿元[5]）占财政支出（49 781.35亿元[6]）的0.09%]，但可以肯定的是，有些市（区）和县政府，特别是县政府，至少在可预见的未来无力独立承担建设覆盖全社会的公共图书馆服务体系的责任。因此，在我国建设覆盖全社会的公共图书馆服务体系的责任，需由两级政府联合承担，即由省政府按特定标准对上述级别的政府进行补贴。

根据以上研究发现，我们对我国公共图书馆的设置和体系建设提出以下建议：（1）由大城市的区政府在本区、地级市政府在市本级辖区（城区）、县政府在全县范围内建设总分馆体系，按人口合理规划和布局固定图书馆以及流动图书馆的停靠点，逐步地、因地制宜地建成覆盖全辖区的公共图书馆服务体系；（2）由省政府按人口（或其他合理标准）对上述级别的政府（特别是县政府）提供公共图书馆建设和运行经费的补贴；（3）允许县政府向具有独立财政且财政能力较强的乡镇政府收缴一定比例的公共图书馆建设经费；（4）在农村，把共享工程基层服务点、农家书屋、党员远程教育点与乡村图书室或县级流动图书馆的停靠点

（服务点）结合起来，四位一体、资源共享，用一份成本为农民提供综合信息服务。

参考文献

[1] 李东来.让更多的人享受图书馆：东莞城市图书馆发展的思考与实践[J].山东图书馆学刊,2009(1):40—44.

[2] 余子牛.效益是这样产生的[J].图书与情报,2008(6):119—122.

[3] 南山区图书馆.南山区公共图书馆建设及一体化管理实施方案.2008.

[4] 中华人民共和国财政部.2007年全国财政决算.[2009－12－01] http://www.mof.gov.cn/mof/zhengwuxinxi/caizhengshuju/index_3.html.

[5] 中国图书馆学会,国家图书馆.中国图书馆年鉴:2008[M].北京:国家图书馆出版社,2009.

[6] 中华人民共和国财政部.2008年全国财政收支决算情况.[2009－12－01] http://yss.mof.gov.cn/yusuansi/zhengwuxinxi/caizhengshuju/200907/t20090707_176723.html.

吴江市公共图书馆乡镇分馆调查报告 *

1. 前言

十六大以来，党和政府把建设覆盖全社会的比较完备的公共文化服务体系、为人民群众提供普遍均等的公共文化服务、保障人民群众的基本文化权益作为构建社会主义和谐社会的重要方针政策，十七届四中全会又提出建设学习型政党。在这样的背景下，推动全民阅读，建设学习型社会，提高全民科学文化素质，成为实现我国经济、社会可持续发展的重要途径。"公共图书馆是人民的终身学校"**，在保障公民自主学习权、信息获取权，推动全民阅读等方面发挥着其他机构无法替代的作用。构建覆盖全社会的公共图书馆服务体系是保障社会信息公平、构建和谐社会的重要实现形式之一。

公共图书馆服务体系是公共文化服务体系的重要组成部分。

---

* 本调查报告未曾发表，于 2010 年 10 月递交给吴江市政府，引起了吴江市政府领导的重视，并就调查报告约见笔者进行探讨。2011 年起，吴江市政府就对乡镇分馆的统一管理问题进行调整。

** 1998 年 12 月 22 日江泽民同志在视察北京图书馆(现国家图书馆)时的讲话。

建设覆盖全社会、布局科学、经济高效、并能够提供普遍均等服务的公共图书馆服务体系，重点在于社区和农村。其中，乡镇图书馆是农村公共图书馆服务全覆盖和普遍均等的重要环节，是联结公共图书馆服务体系的枢纽（县级图书馆）和神经末梢（乡村图书馆）的纽带。自 2006 年起，本市五个县级市图书馆，借鉴苏州图书馆总分馆的建设模式（但未按苏州图书馆分馆的建设模式直接委派分馆的工作人员），开展了乡镇分馆建设，至 2008 年年底共建成 62 个乡镇（包括非中心镇）分馆。从统计和实地走访的情况来看，服务效益参差不齐。2009 年的乡镇分馆统计表上，只有 40 个乡镇分馆的服务数据。为了及时寻找和发现影响乡镇分馆服务效益的因素，避免重蹈以前基层图书馆建了关、关了建的覆辙，笔者开展了乡镇分馆的调研，并先期完成了吴江市的调研。吴江市是全市乡镇分馆建设最多的县市，已经实现了乡镇图书馆服务的全覆盖，而且 9 个乡镇分馆和 7 个社区（非中心镇）分馆均未发生无法开门服务的现象，这是笔者首先选择作为调研对象的原因。

2. 调研方法

笔者在去年年底和今年上半年，两次对平望、震泽、同里、汾湖、横扇五个乡镇分馆进行调研，重点了解和考察五个乡镇分馆的馆舍、环境、设施、设备、文献资源、工作人员、技术运用等情况，采用实地调查，查看台账记录，调用计算机管理系统自动生成的数据，与工作人员访谈，与读者访谈，与乡镇居民访谈；整理数据，并与其他地区的数据进行对比，以保证调查结论的科学合理。

3. 调查数据及情况

尽管只调研了五个乡镇，但为了便于分析和说明情况，笔者把九个乡镇图书馆的统计报表数据进行了汇总，并列在下面（见附表）。

从实地调研的情况来看，统计表中的某些数据与真实情况有些出入，如藏书，统计表中列出的是可能是全部馆藏图书，而事实上，由于吴江市是 90 年代率先实现乡镇万册图书馆全覆盖的县，万册图书馆时的藏书占了目前馆藏图书的大部分，这些藏书现在都已经失去了使用价值，也没有分编加工，深锁在书库中，而各个分馆中的读者能够接触到的开架图书均只有 1 万册左右，没有发现超过 2 万册藏书的乡镇分馆。另外如开放时间，其实没有如统计表上这样正常；人员也没有统计表这样多的专职人员。

通过统计和调查，我们不难发现，乡镇分馆的建设，推动了乡镇图书馆的发展，提高了服务效益，从 2008 年与 2006 年的数据比较，到馆读者人次增长近 1 倍，外借图书册次增长近 2 倍，体现了总分馆体系的巨大优越性；但随着建设任务的完成，长效运行上开始出现新的问题，从 2009 年与 2008 年相比，乡镇分馆的总体服务效益开始呈现下降：

从到馆读者指标来看，尽管 2009 年比 2008 年增加读者 3 602 人次，但主要原因是由于 2009 年横扇分馆启用新馆，增加到馆读者 4 328 人次的结果。从基层图书馆的普遍规律来说，一般我们认为每月到馆读者 1 000 人次（即年到馆读者 12 000 人次）是一个起码的分界线。从统计数据来看，至少一半以上的乡镇分馆服务效益存在问题。

附表：吴江市乡镇分馆基本数据及效益情况

	单位	盛泽	桃源	七都	横扇	同里	平望	震泽	八坼	汾湖	合计
面积	平方米	325	450	300	300	420	320	300	320	310	3 045
工作人员	人	4	3	1	2	2	4	2	1	2	21
其中专职	人	4	2	1	1	2	2	1	1	2	16
乡镇拨款	万元	2	2	2	2	2	2	2	2	2	18
开放时间	小时	59.5	56	35	38.5	63	56	51	45.5	45	49.944
书架长度	延长米	300	144	150	504	288	273	136	120	432	2 347
阅览座席	只	18	16	18	42	18	12	20	28	52	224
电脑	台	10	10	10	10	10	10	10	10	10	90
图书藏量	册	70 687	71 460	38 279	56 904	33 553	64 104	59 326	25 314	108 236	527 863
报纸	份	50	18	2	17	11	40	33	38	20	229
期刊	份	60	38	15	48	60	61	60	50	48	440
有效证	张	5 334	915	811	1 199	452	1 470	2 904	1 550	221	14 856
新办证	张	40	30	4	199	44	77	86	22	1	503
2006年读者	人次	12 564	15 200	860	2 720	12 062	1 758	14 014	1 946	900	62 014
2008年读者	人次	24 843	13 893	1 570	6 369	19 041	8 128	26 586	8 531	2 065	111 026
2009年读者	人次	21 733	9 272	1 502	10 697	21 835	5 923	28 567	12 838	2 261	114 628

续 表

	单位	盛泽	桃源	七都	横扇	同里	平望	震泽	八坼	汾湖	合计
增减	人次	-3 110	-4 621	-68	4 328	2 794	-2 205	1 981	4 307	196	3 602
增减幅度	%	-12.5	-33.3	-4.3	67.95	14.67	-27.1	7.45	50.49	9.49	3.24
2006年外借	册次	13 228	8 000	202	2 436	—	2 300	14 270	2 300	580	43 375
2008年外借	册次	22 817	20 161	4 030	4 215	29 647	5 485	31 114	5 341	3 732	126 542
2009年外借	册次	14 858	13 046	2 081	19 125	26 446	7 388	29 556	8 863	2 871	124 234
增减	册次	-7 959	-7 115	-1 949	14 910	-3 201	1 903	-1 558	3 522	-861	-2 308
增减幅度	%	-34.9	-35.3	-48.36	353.74	-10.8	34.69	-5.01	65.94	-23.07	-1.82

注1. 此表通过上报的统计报表汇总而成。

注2. 增减及增减幅度只计算实行总分馆后数据，即2009年与2008年的数据比较。2006年是实行总分馆前乡镇图书馆独立运行的数据，用作参考。

注3. 乡镇拨款只计支出的购书经费，不包括人员支出和水电等支出。

从外借图书指标来看，2009年比2008年减少2 308册，而同样，这个数据还是在横扇分馆启用新馆后增加外借图书14 910册后的结果。盛泽、桃源两个原来效益较高的分馆，年度外借图书减少数量都超过了7 000册。

4. 原因分析

对照国际通行的公共图书馆总分馆的规律，以及国内外总分馆的经验和数据，我们对调研情况作如下的分析：

（1）设施设备

有些乡镇分馆立面陈旧，标志不明。即使走过，也不知道这是图书馆出入口。

大部分乡镇分馆把服务区域分隔成数块，特别是普通阅览与电子阅览，影响了读者的利用，也不便于管理。因此，有的分馆干脆把电子阅览室关门了事。

（2）文献资源建设

从调查统计的数据来看，除盛泽、平望两镇分馆的报刊数据超过100种外，其他乡镇分馆均不足百种。对基层图书馆来说，报刊信息是除网络外最为及时的信息来源，到馆读者（特别是老年读者）大都冲报刊而去，报刊数量不足，肯定会影响读者的到馆数量。

尽管报表上各镇分馆的藏书数量都很大，但事实上，真正开架和读者能够利用的图书都只有近万册。如同里镇分馆，统计馆舍面积420平方米,实际对读者开放的面积不足100平方米;藏书统计33 533册,实际对读者开放的图书约7 000册,其他图书均锁在二层的书库中,且破旧不堪,已经失去了使用价值。

由于购书经费由乡镇自行承担和安排,乡镇领导对图书馆服务的重视程度就决定了该乡镇分馆文献资源建设的差异,而文献资源建设是办好图书馆的重要前提之一。

(3) 分馆管理

公共图书馆总分馆制有其固有的规律,其本质上要求总分馆隶属于同一个主管部门,总分馆体系内部实行人财物的统一管理,从而可以使总分馆体系内部资源充分共享、服务执行统一标准、宣传和活动步调一致,读者在任何一个分馆都可以享受到基本相同的服务。

吴江市从2007年开始建设的乡镇分馆,是政府实事项目,吴江市政府给予了政策和财力支持。由于乡镇分馆的人员经费由乡镇承担,工作人员由乡镇委派,导致了总分馆内部结构的松散,使总馆与分馆之间的关系发生了变化,总馆对分馆的"指挥"变成了"指导",事实上削弱了吴江图书馆(总馆)对分馆的管理和控制力,乡镇分馆的服务质量亦就无人负责,分馆的效益就会随之下降,从而导致读者流失,这种情况会随时间的推移越来越严重,许多地方的总分馆失败教训都已经证明了这一点。

(4) 人员素质

图书馆服务是一种专业服务,不管是图书采编、分类排架、信息检索、咨询解答、阅读指导、活动组织等,都需要专门的知识和技能。在调查中,发现乡镇分馆的工作人员有些是原来乡镇图书馆的工作人员,他们对图书馆有感情,也想为读者提供良好的图书馆服务,但他们缺乏现代图书馆理念、专业知识和服务技能,大多不熟悉计算机、网络、数据库的使用,缺乏信息检索的起码技能,基本停留在传统图书馆借借还还、等客上门的阶段,甚至不知图书馆需要为读者和百姓提供形式多样的读者活动,需要开展阅读指导和推广工作,需要做好图书馆的宣传推介等。更有一些乡镇分馆的工作人员,不仅缺乏服务理念和技能,还缺乏应有的工作纪律,使得乡镇分馆开放不正常,致使原有读者流失。但对于这些,缺乏管理权的总馆根本无能为力。根本原因,总分馆之间并未成为一个体系,总分馆的管理主体多头。

(5) 活动宣传

乡镇分馆办馆效益不高的原因还在于分馆没有做好自己的宣传,当地百姓不了解图书馆。笔者在调研中,走访了乡镇分馆附近的行人、商家、小摊业主,绝大多数不知道附近有图书馆存在,其中一个小摊业主正在看书,问其书的来源,是自己购买,问其是否知道附近 200 米内就有图书馆,且借书完全免费时,他表示不知,更疑惑说"还有这样的好事"?当我们问及乡镇分馆的工作人员是否开展一些宣传和读者活动时,她一脸愕然,说还要做这些事?从许多基层图书馆、分馆提高服务效益的实例来看,开展读者活动、宣传图书馆的资源和服务是吸引读者了解图书馆、走进图书馆的重要手段。一般情况下,只要图书馆资源丰富、服务良好,读者进入过图书馆后,就会很快成为图书馆的读者,逐步养成利用图书馆的习惯,这对推动全民阅读、建设学习型城市、学习型社区是十分重要的。

5. 建议

公共图书馆是公共文化服务的重要组织部分,是政府保障人民群众基本文化权益、提高其科学文化素质的重要实现途径,总分馆制是为人民群众提供普遍均等的公共图书馆服务的经济高效的组织形式和服务模式,必须实现政府主导并有制度保障。

从历史上看,吴江是历次基层图书馆建设运动的积极行动者,也是这些运动失败的承受者。

1993年,吴江23个乡镇全部建起了万册图书馆,成为全国率先实现乡镇万册图书馆全覆盖的县市。数年后,这些万册图书馆基本都失去了读者,不仅使公共图书馆运动遭受了严重挫折,也浪费了大量的资源,但它使一些乡镇保留了图书馆的馆舍和藏书,也使现在重新构建乡镇图书馆全覆盖有了一定的基础。

2002年起,吴江图书馆开始与各个乡镇沟通协调,并在四个乡镇合作建设了分馆。这些分馆尽管只是共享吴江图书馆的资源,并无分馆之实,但至少使濒临关门的乡镇图书馆重新聚集起了一定的人气。

从现在来剖析当时的基层图书馆建设运动,不管当时从何种意愿出发,其建设体制、管理机制和技术条件等就决定了这些建设从一开始就注定了失败的命运。

2006年5月吴江图书馆新馆开馆,给吴江市公共图书馆发展带来了新的机遇。吴江图书馆新馆在吴江市委市政府的关心支持下,从开馆的第一天起就实行免费办证,是我国第二个实行免费服务的县级公共图书馆。其时，全国已有不少地区如北京、上海、深圳、佛山、苏州市区等已经开始探索总分馆建设，成效显著，积累起一定的经验。因此，吴江市也于2007年开始启动乡镇分馆建设，而且上手就是大手笔——"十镇联动"，把乡镇分馆建设列入了吴江市政府实事项目，并于当年全部完成。至今，吴江图书馆已有16个分馆，应该是全国分馆数量最多的县级图书馆，即使目前乡镇分馆的服务效益有下降苗头，但还处于可控范围之内，大多数分馆的服务也还处于正常状态，只要稍加调整和强化，整个总分馆体系的服务效益将会大幅提升，并实现可持续发展，吴江市将可能成为我国县级市公共图书馆全覆盖的排头兵和样板区。

为此，特提出建议如下：

① 吴江市政府需要再次以文件形式把总分馆建设和运行以制度形式固定下来，实现政府主导，并修订建设规划、运行（服务）方案。

② 以吴江图书馆作为总馆，把现有的各乡镇和社区（非中心镇）分馆的管理权全部委托给吴江图书馆，实现人、财、物的统一管理，以达到统一服务标准、统一资源建设、统一开展活动、统一宣传推介。

③ 根据文化部《公共图书馆法》立法支撑研究的研究成果，公共图书馆服务体系的建设和管理责任，从规范专业、经济高效、利用便利的角度出发，最好由大城市（如北京、上海）的区级政府或中小城市的市政府或各县市的县级政府承担，并构建人财物统一管理的总分馆体系。吴江市财政应该有承担起全市统一的总分馆运行的财政能力。但如果考虑到目前的财政体制，不能

包揽总分馆的建设和运行经费，则可以由文件规定，由吴江市财政向各乡镇适当集中一部分经费（包括分馆的人员经费、购书经费、运行经费），分担总分馆的经费负担。所有总分馆经费统一拨付吴江图书馆，由吴江图书馆统一调度使用，以达到报刊统一征订、图书统一采编、人员统一管理。

④ 为吴江图书馆配备流动图书车，既用于分馆图书资源的周转和调配，又用于今后对乡村开展图书馆流动服务。

⑤ 增加分馆的报刊征订量,征订量100至200种。

与以往的基层图书馆建设所不同的是，这一轮基层图书馆建设是在党的十六大、十七大精神的指引下，在建设学习型政党和学习型社会的背景下，以公共图书馆服务的普遍均等、覆盖全民为目标，以保障公民基本文化权益为落脚点，这需要公共图书馆服务体系在建设、结构、运行、管理、服务上都科学合理、资源共享、经济高效，从而实现可持续发展。这是构建和谐社会、文化吴江的重要战略部署，将惠及全民、意义深远。

规范产生效益：苏州地区总分馆建设的成本效益分析*

1. 引言

平等、免费、无差别服务是国际公共图书馆理念，也是我国图书馆人一直追求的职业理想，十六大后，我们把这种理念统一表述为普遍均等。尽管数字技术和网络已经高度发达，但要实现公共图书馆服务的普遍均等，保障普通民众享有平等的信息、知识获取等文化权益，仍然需要借助机构化的实体图书馆的全覆盖来完成其使命[1]。

进入新世纪后，以构建一个无边界的大图书馆[2]、图书馆资源充分共享、图书馆服务普遍均等为目标的上海中心图书馆一卡通的建设为标志，我国开始进入构建公共图书馆服务体系时代。随后，北京市公共图书馆服务体系、广东流动图书馆、深圳图书馆之城、佛山市联合图书馆、东莞集群图书馆、杭州一证通工

---

* 本文收录在《城市生活与图书馆服务：第五届上海（杭州）国际图书馆论坛论文集》(2010年)277—282。

程、苏州总分馆制、嘉兴总分馆等，许多地区纷纷开始了服务体系建设的探索和实践，形成了各具特色的做法和模式。

在这个过程中，业界更多把服务体系构建的目的放在普遍均等上，对公共图书馆服务需要经济高效的组织形式和服务模式关注较少。而事实上，图书馆服务作为一种公共品，需要在实现其功能的前提下，以最小的公共财政支出实现服务效益的最大化，借助于公共资金提供服务的公共图书馆如果离开了经济高效就不可能持续生存和发展。国外的总分馆制为我们提供这种经济高效的经验。然而，我国至今都未能提供建立真正总分馆的体制条件，而且可能在今后较长的一个时期内仍然无法提供。因此，本文并不讨论体制问题，而希冀在现行体制框架下，使我们的总分馆（准确地表述为准总分馆[3]）能够在组织机制和内部结构上有所创新，从而基本符合总分馆的基本规律，实现服务的经济高效。

笔者通过剖析苏州地区在总分馆建设上的做法，希望能够说明问题。

2. 经济高效是全覆盖的前提条件

图书馆人都有图书馆情结，认为公共图书馆既然是现代民主社会政体有效运行的制度安排[4]，公共财政花多少钱也是值得的。问题在于公共财政资金总是有限的。如果按每2万人拥有一个基层图书馆的全覆盖标准，苏州市629.75万户籍人口需要有315个基层图书馆，2008年我国县级图书馆的平均支出是79.224万元[5]，假定按这个标准建设苏州地区的基层图书馆，则苏州市的基层图书馆年度总支出为24 956万元，占苏州2008年财政地方一般预算收入668.9亿元[6]的0.373%，而苏州当年整个文化支出（包括文化、文物、新闻出版）只占1.6%，苏州财政收入在近几年的全国城市排名中居第四、第五位。笔者和于良芝教授在联合承担"公共图书馆设置与体系研究"课题时，对开展总分馆建设的地区做过了调研，我们用明确提供2008年分馆运行成本和如果这些分馆作为独立的基层图书馆需要的运行成本的三个地区（佛山禅城区、苏州市区、嘉兴市）的数据作为经验数据，来计算覆盖到全国乡镇的基层图书馆所需要的运行成本：三个地区分馆的平均年度运行成本是23.83万元/馆，如果单独设置则年度运行成本为48.99万元/馆。2009年我国有40 828个乡镇级行政区划[7]，用单独设置的运行成本来计算全国乡镇级基层图书馆全覆盖的年度运行成本，则需要200亿元。如果由中央财政承担这样的支出，倒也只占（全国财政收入）2007年（51 304万亿元[8]）的0.39%、2008年（61 330亿元[9]）的0.33%、2009年（68 477亿元[10]）的0.29%。但是，一是这仅仅是覆盖到乡镇级基层图书馆的支出，而建设这些基层图书馆是地方政府的责任，财政是分灶吃饭的；二是还有广大的乡村和社区还没有覆盖进来。可能在经济发达地区，如广东、浙江、江苏，省级财政还能承受，但如果计算一下河南省(2007年地区生产总值位居全国第五)，1 892个乡镇、464个街道，[11]需要的年度运行成本为11.542亿元，占2009年财政地方一般预算收入1 126.06亿元[11]的1.025%，这还没有计算需要覆盖47 556个行政村、3 404个社区居委会的图书馆服务支出。[11]然而，如果采用总分馆，则年度运行成本只需要5.614亿元，占比为0.499%。应该不用再计算其他地区的数据，就可以明白用一群独立设置、各自为政的图书馆来实现公共图书馆服务的全覆盖,至少地方财政是支撑不住的。

表1是一个地区按总分馆模式(与单独设置一群图书馆比较)可以节约的图书馆建设成本和年度运行成本[12],限于篇幅,具体的计算依据这里不再列出。

表1 一个地区按总分馆模式可以节约的图书馆建设成本和年度运行成本

	平均1个分馆节约的建设成本	平均1个分馆节约的年度运行费	节约的建设成本合计	节约的年度总运行成本合计
佛山禅城区	52.6万元	21.13万元/年	631.2万元	253.56万元/年
东莞市	12.46万元	8.87万元/年	1731.94万元	1232.93万元/年
苏州市区	38.4万元	27.87万元/年	3072万元	2229.6万元/年
嘉兴市	83.27万元	26.47万元/年	6828.14万元	2170.54万元/年
深圳南山区	65.56万元	12.68万元/年	1245.64万元	240.92万元/年

注:按各地常住人口数,每5万人建设一个分馆计算。

从表1中可以看出,一个地区如果按总分馆模式建设全覆盖的服务体系,可以省出大量的建设资金和运行成本,从而使当地财政可以承受起全覆盖的公共图书馆服务体系的资金需求。

3. 苏州总分馆建设设计的背景

苏州图书馆从2005年开始探索新一轮的总分馆建设,到今已经成为有1个总馆、24个分馆、2个流动图书馆(30个停靠点)组成的总分馆体系。与其他地区不同的是,苏州图书馆的总分馆建设没有政府主导,但仍借助于自主创新,坚定地按照总分馆的内在规律,建设具有总分馆制基本特征的"苏州模式"。这是因为，苏州是历史上历次基层图书馆建设运动失败的承受者，有过太多的教训。这些教训促使苏州图书馆形成这样的共识：不按总分馆的规律办事，基层图书馆不可能持续发展，也永远实现不了普遍均等。

1993年，苏州吴江县率先在23个乡镇实现了万册图书馆全覆盖[13]，随后，苏州全市所有乡镇街道都拥有一个万册图书馆。但由于这些万册图书馆缺乏长期投入的制度保障，又没有资源共享的条件（各馆馆藏基本相同），更无法提供图书馆专业服务，很快失去了读者，数年后就基本销声匿迹。

2001年，苏州图书馆新馆落成开放，从新馆开馆的第一天起，这个每天能够接待3000读者的图书馆就几乎天天超负荷。说明苏州市民对图书馆服务有着旺盛的需求，图书馆服务供不应求。为了减轻苏州图书馆在读者接待上的压力，苏州图书馆先后建起了4个分馆。但同万册图书馆一样，这4个分馆同样很快就失去了读者。

从读者反映和调查到的情况来看，尽管苏州图书馆每月为分馆调配新书，总分馆之间可以通借通还，但由于分馆的工作人员由当地社区（或街道）委派，专业技能低下，既不按苏州图书馆的服务规范提供服务，还不按公示时间开放，更不能提供参考咨询服务，因此，读者宁可舍近求远，也不去分馆。

历次基层图书馆建设，包括分馆建设的失败教训，使我们明白这样的道理：平等、无差别不仅仅是图书馆的服务理念，也包括了一个区域内图书馆之间在设施、资源、服务和专业化程度上的无差别，否则，读者就会选择资源丰富、服务专业的图书馆，这样，我们通过分馆建设要让读者就近、便捷的享受图书馆服务的良好愿望就会落空。

4. 苏州图书馆分馆建设的理性设计和实践

2005年，苏州图书馆在总结以前苏州分馆建设的教训和调研国内外总分馆建设经验的基础上，开展了新一轮的分馆建设，其目标是向政府示范总分馆的优越性，推动政府主导总分馆建设，从而达到公共图书馆在苏州的全覆盖、为读者提供就近便捷图书馆服务的目的。

具体做法是，通过沟通、游说、宣传、协调，与区政府、街道办事处等合作，由合作对方提供馆舍、装修、设备，并每年向苏州图书馆支付一定的运行成本（包括人员经费、部分购书经费、VPN网络费用），由苏州图书馆提供文献，委派工作人员，负责开放服务，提供技术支持和后台管理，每月更新调配文献资源，总分馆之间执行统一的服务标准，统一文献采编调配，统一开展读者活动，读者则可以享受免证阅览、免费上网、免费办证、预约借书、通借通还。至2009年底，共建成21个分馆，今年前5个月又新增了3个分馆。

表2 苏州图书馆总分馆体系效益表

年份	期末分馆数（个）	到馆读者（万人次）	外借册次（万册次）	分馆经费（万元）
2005	1	142.73	45.96	12.8
2006	5	146.26	51.31	32.8
2007	10	200.67	93.83	71
2008	14	316.0	117.09	144.5
2009	21	426.12	148.98	307

注：数据来自苏州图书馆统计报表。

要使分馆建设和发展有持续性,就必须首先确保合作方在分馆经费投入上的满意度,使合作长期持久。为此,苏州图书馆采取了一系列的措施,保障分馆运行的经济高效。这些措施包括动态资产权的创立、分馆工作人员的"孵化"式培训、管理上的扁平结构;[14]另外在技术上开发了远程参考咨询、远程监控平台、数字化资源共享、短信服务(包括到期催还和活动通知)、手机图书馆等,同时,建立了保障读者预约借书的资源调配机制,为及时解决分馆运行中产生的新问题而与合作单位的定期恳谈会制度。[15]

从表2可以看出,这些设计与措施的落实,使分馆产生出较高的效益。2009年,21所分馆共接待读者192.5万人次,借出图书43.79万册次,还书40.8万册次,其中通还6.33万册次,举办讲座10场,播放视频(包括电影与视频讲座)300多场,亲子阅读、故事会、灯谜、手工制作、读者培训、读者座谈、文学社等活动117场次。而同期,合作方支付给苏州图书馆的合作经费为227万元,分馆的总支出(包括合作对方还要自行直接支付的水电等费用)为307万元。

效益还体现在主动要求与苏州图书馆合作建设分馆的机构越来越多,资源共享的模式和总分馆的经济高效越来越为读者和社会各界所接受。2005年,苏州图书馆主动与各个区政府、街道办事处联系沟通,在半年多的时间中,处处碰壁、屡败屡战;但在第一个分馆合作成功后,就变化为合作方主动上门,而且,不仅是基层政府,还有学校、妇联、总工会等机构也纷纷要求把它们新建的图书馆委托给苏州图书馆作为分馆。因此,苏州图书馆的分馆中,不仅有社区分馆,还有中学分馆、少年宫分馆、妇儿活动中心分馆、青少年活动中心分馆、工人文化宫分馆。分馆的分布也越来越广,目前最远的分馆距离总馆超过20公里,分馆之间距离最远的达40公里。

5. 规范的总分馆制可以实现经济高效,也是普遍均等的前提

总分馆制在一个区域内的一群图书馆之间实行统一管理,统一并合理的调配人力资源以及文献资源,读者也享受到更多的服务便利,因而会比同样数量并单独运行的图书馆更经济高效,这在理论上很容易明白,在实践上也已经有了许多数据可以证明[12](见表3)。但不同地区的总分馆或同区域不同时期的总分馆,因为内部结构、管理模式等的不同,也会导致成本和效益的不同。而成本和效益的差异达到一定程度时,就会形成分馆能否持续生存发展的临界点。

表3 全国县级图书馆2008年效益与苏州分馆2009年效益的比较

	个数	总支出	到馆读者	馆平均支出	馆平均读者
全国县级馆	2 444	193 624.1(万)	15 446.6(万)	79.224(万)	6.32(万)
苏州分馆	21	307(万)	192.5(万)	14.62(万)	9.17(万)

注:表中全国数据引自《中国图书馆年鉴》2008卷。

在苏州图书馆总分馆的影响下,2006年起,苏州的5个县级图书馆也陆续开始建设乡镇分馆,至2008年底,共有62个乡镇分馆开放。这些乡镇分馆,建设模式与苏州图书馆的社区分馆基本相同,但分馆工作人员都有乡镇当地委派。形成的结果是,在2009年底的统计表上,只有40个乡镇分馆还在提供服务,即35%的乡镇分馆已经失去读者(见表4),这与余子牛馆长在2008年

分析深圳南山区社区分馆的情况十分相似。[16]

表4 苏州乡镇分馆与苏州社区分馆2009年效益情况对照表

	个数	开放个数	到馆读者	馆平均读者
苏州乡镇分馆	62	40	30.7（万）	0.77（万）
苏州分馆	21	21	192.5（万）	9.17（万）

注：数据来自苏州市公共图书馆统计表。

吴江市曾是率先实现万册图书馆全覆盖的县级市，即使在万册图书馆失败后，吴江图书馆为了使乡镇图书馆能够保留馆舍，继续为乡镇图书馆提供文献补充和调配。2007年，吴江市政府把乡镇分馆纳入当年政府实事，以奖代拨，在9个乡镇建立了吴江图书馆的分馆。与苏州其他县市的乡镇分馆情况不同的是，吴江的乡镇分馆至今还全部开放，因而笔者曾于2009年、2010年两次对吴江乡镇分馆进行调研。从调研的结果和到馆读者指标来看（见表5），尽管2009年比2008年增加读者3 602人次，但主要原因是由于2009年横扇分馆启用新馆，增加到馆读者4 328人次的结果。从外借图书指标来看，2009年比2008年减少2 308册，而同样，这个数据还是在横扇分馆启用新馆后增加外借图书14 910册下的结果。盛泽、桃源两个原来效益较高的分馆，年度外借图书减少数量都超过了7 000册。总体上，吴江乡镇分馆的总体效益呈下降趋势。而苏州图书馆平均（加权平均）每个分馆年接待的到馆读者，从2006年到2009年，分别为41 139、47 286、70 951、112 573人次/年，呈稳步增长势头。苏州分馆平均到馆读者量相当于吴江9个乡镇分馆到馆读者量的总和。

表 5 吴江图书馆 9 个乡镇分馆情况表

	单位	盛泽	桃源	七都	横扇	同里	平望	震泽	八坼	汾湖	合计
面积	m²	325	450	300	300	420	320	300	320	310	3 045
人员	人	4	3	1	2	2	4	2	1	2	21
开放时间	小时	59.5	56	35	38.5	63	56	51	45.5	45	49.944
阅览座席	只	18	16	18	42	18	12	20	28	52	224
电脑	台	10	10	10	10	10	10	10	10	10	90
图书藏量	册	70 687	71 460	38 279	56 904	33 553	64 104	59 326	25 314	108 236	527 863
报纸	份	50	18	2	17	11	40	33	38	20	229
期刊	份	60	38	15	48	60	61	60	50	48	440
2008 年读者	人次	24 843	13 893	1 570	6 369	19 041	8 128	26 586	8 531	2 065	111 026
2009 年读者	人次	21 733	9 272	1 502	10 697	21 835	5 923	28 567	12 838	2 261	114 628
增减	人次	-3 110	-4 621	-68	4 328	2 794	-2 205	1 981	4 307	196	3 602
2008 年外借	册次	22 817	20 161	4 030	4 215	29 647	5 485	31 114	5 341	3 732	126 542
2009 年外借	册次	14 858	13 046	2 081	19 125	26 446	7 388	29 556	8 863	2 871	124 234
增减	册次	-7 959	-7 115	-1 949	14 910	-3 201	1 903	-1 558	3 522	-861	-2 308

前面说过，苏州县级图书馆的乡镇分馆建设，模式参照了苏州的总分馆建设，仅人员不进行直接管理，但就这一点不同，使得县级图书馆就基本失去了对分馆的管理权，总馆对分馆应有的指挥变成了指导，失之毫厘、差之千里。

总分馆管理机制的设计上未按照总分馆固有的规律，使得总馆逐步丧失对分馆的管理，从而使分馆服务质量低下，失去读者而难以为继等情况，在其他地区的总分馆实践中也常见诸文字。

6. 规范的总分馆是普遍均等的保障

总分馆有其固有的规律，其基本要求是总分馆之间是一个共同体，实行人财物的统一管理，分馆可以共享总馆的资源、管理和技术，总馆可以通过分馆把服务延伸到原来图书馆服务缺失的地区，从而构建起服务体系，实现公共图书馆服务的普遍均等。

诚然，总分馆建设是整个公共图书馆服务体系建设的组成部分，也是政府的责任，应该政府主导，由公共财政资金支撑。笔者在与于良芝教授两次合作课题研究中，已曾多次撰文讨论过许多关于总分馆建设的体制问题，阐述过依靠职业自觉和合作模式不可能建立起真正的总分馆制，职业创新也替代不了政府责任[17]。所以这里仅讨论总分馆的内部结构、构建模式对总分馆建设和运行的成本及效益的影响，这会进而成为总分馆是否能够长期生存发展的重大问题。而且，结构问题不一定与体制有关，在政府主导的前提下，并不一定就会自然形成规范的总分馆制。正是在体制还制约着总分馆制的构建，而公共图书馆的职业追求又迫使我们在这样的体制下先行一步，并且能够通过运用我们的智慧，展示出总分馆的优越性，这才形成了许多的创新空间。

参与文献

[1] 于良芝.公共图书馆存在的理由：来自图书馆使命的注解[J].图书与情报,2007(1)：1—9.

[2] 吴建中.21世纪图书馆新论[M].2版.上海：上海科学技术出版社,2003：103.

[3] 邱冠华,于良芝,许晓霞.覆盖全社会的公共图书馆服务体系：模式、技术支撑与方案[M].北京：北京图书馆出版社,2008.

[4] 李国新.图书馆制度支撑社会和谐发展的重要基石[N].人民日报,2006-01-13(16).

[5] 中国图书馆学会.中国图书馆年鉴：2008[M].北京：国家图书馆出版社,2009.

[6] 苏州市统计局.2008年苏州市国民经济和社会发展统计公报[EB/OL].http://221.224.13.103/dpt/show.asp?ID=42175.

[7] 中华人民共和国统计局.中国统计年鉴：2009[M].北京：中国统计出版社,2009.

[8] 中国财政部.[2010-07-30].http://szs.mof.gov.cn/zhengwuxinxi/gongzuodongtai/200808/t20080815_63551.html.

[9] 中国财政部.[2010-07-30].http://yss.mof.gov.cn/zhengwuxinxi/caizhengshuju/200907/t20090707_176723.html.

[10] 中国财政部.[2010-07-30].http://www.mof.gov.cn/zhuantihuigu/2010qgcz/qgczhy2010/201001/t20100111_258394.html.

[11] 河南统计网.[2010-07-30].http://www.ha.stats.gov.cn/hntj/

hnsq/A0601index_1.htm.

[12] 邱冠华,等.公共图书馆设置与建设体系研究[J].中国图书馆学报,2010(2):16—23,45.

[13] 潘丽敏.吴江市乡镇分馆建设的实践与体会[J].图书与情报,2010(1):103—105.

[14] 于良芝.为了普遍均等的图书馆服务:评苏州图书馆的分馆建设[J].国家图书馆学刊,2007(3):18—19.

[15] 邱冠华.苏州城区总分馆建设的实践与思考[J].图书情报工作,2009(1):15—18.

[16] 余子牛.效益是这样产生的[J].图书与情报,2008(6):119—122.

[17] 于良芝,邱冠华,许晓霞.走进普遍均等服务时代:近年来我国公共图书馆服务体系构建研究[J].中国图书馆学报,2008(3):31—40.

四位一体 构建农村公共信息服务体系的建议*

1. 前言

十六大以来,党中央提出建设社会主义和谐社会、为人民群众提供普遍均等的公共文化服务、保障人民群众基本文化权益的方针政策;温家宝总理最近指出:"把维护社会事业的公益性、保障人民群众基本公共服务需求作为政府的主要职责"(2010年2月4日在省部级主要领导干部专题研讨班上的讲话),苏州市委、市政府为贯彻落实科学发展观,实现苏州经济和社会的可持续发展,提出"三区三城"的建设目标。所以,全覆盖的、普遍均等的公共文化服务,是科学发展观的重要体现,是可持续发展的重要保证。

城乡一体化、公共文化服务均等化,是政府保障人民群众基本文化权益的重要职责,需要公共财政资金支撑,而通过资源整

---

* 本文刊登于《图书与情报》2010年第5期。本文原为2010年笔者向上级递交的工作建议,被苏州市文广新局采纳,并以文件转发。2011年7月,苏州吴江市正式开展"四位一体"建设。

合，共建共享，就可以有效地节省公共资金，提高公共文化设施的服务效益，这是公共文化服务实现可持续发展的重要途径。目前，我市农村中，农家书屋、全国文化信息资源共享工程基层服务点、党员现代远程教育中心、乡村图书室，都各自为政、互相独立、资源分散，使得农民享受不到应有的信息服务和文化服务。为此，上半年，我们先后数次对乡镇分馆、农家书屋的情况进行了调研。现在调查研究的基础上，提出建议：整合农家书屋、共享工程基层服务点、党员现代远程教育中心、乡村图书室的资源，实行四位一体，共建共享，建立"农村公共信息服务中心"，用一份成本提供原来多种并分散的信息服务，在农村提供全覆盖的、普遍均等并有一定专业水准的公共信息服务。

2. 调研的简要情况

上半年，由市文广新局两位副局长分别带队，先后对吴江、昆山、常熟、太仓四个县级市的农家书屋进行了调研。在此之前，苏州图书馆也对各县级图书馆的乡镇分馆进行了调查。

① 各县级图书馆的乡镇分馆建设起步于 2006 年，参照了苏州图书馆总分馆模式，但分馆的工作人员由乡镇派遣，即由乡镇政府提供馆舍、装修、设备、人员，每年向县级图书馆缴纳购书经费 2 至 3 万，由县级图书馆提供和定期调配图书，通过 VPN 网络开通电子图书等数字资源，采用统一的计算机管理系统，实行通借通还。根据统计资料：至 2008 年年底，全市共有 62 所乡镇分馆，但在 2009 年年底的统计报表上，只有 40 所乡镇分馆的数据，22 所分馆已经基本失去读者，即正常开放的乡镇分馆不足总

数的三分之二。2009年，40所乡镇分馆共接待到馆读者30.7万人次，平均每所分馆接待0.77万人次，而同期，苏州图书馆直接管理的21所分馆接待到馆读者192.5万人次，平均每所分馆接待9.17万人次。说明乡镇分馆的服务效益有很大的提升空间。

调研中发现，乡镇分馆的工作人员专业素养和服务技能都不高。一是年纪偏大、业务技能较低，大都不会熟练使用计算机，不能为读者提供检索服务，无法帮助读者利用数字化资源，更不提供参考咨询服务；二是没有现代图书馆的服务理念，只把乡镇分馆当成一个借借还还的地方；三是工作方式就是简单的"等客上门"，根本不知道需要宣传推介，也不知举办读者活动是现代图书馆的重要工作内容。上述这些问题的关键，是县级图书馆作为总馆却无法有效实施对乡镇分馆的管理。另外，已经发生乡镇政府不按协议交纳购书经费的情况，说明为农民提供公共文化服务的责任，无法依靠协议约束，而必须依靠制度来履行。

② 目前全市共有农家书屋1 107家，已经实现了对乡村的全覆盖。但是通过调研发现，只有三分之一的农家书屋正常开放，三分之一的开放不正常，还有三分之一已经不开放。不开放的原因很多，如没有正常的运行经费保障；农家书屋资源少而又重复严重，不仅每个农家书屋的藏书差不多，而且在同一个农家书屋中的藏书中还存在大量的复本，多的达到4个复本，使本来只有千把册图书的农家书屋更缺少选择；只有极少几份政治性强的报刊；农家书屋服务单一、许多农家书屋只阅不借；开放没有规范、服务没有标准；工作人员多为兼职，流动性也很大，接受过系统培训的少之又少；在正常开放的农家书屋中查阅读者到馆台账记录，大都每天前来的读者不足10人次。

3. 建议的总体目标

整合农家书屋、共享工程基层服务点、党员现代远程教育中心、乡村图书室的资源，配以县级流动图书车的定期服务，设立"农村公共信息服务中心"并以政府文件使之形成制度，在一个馆舍中、挂四块牌子、四位一体，用一份成本提供多种信息服务，实现农村公共信息服务的全覆盖和普遍均等，在公共信息服务上率先实现城乡一体化，保障农民的基本文化权利。

4. 具体措施和步骤

"农村公共信息服务中心"，通过整合资源、共建共享，借助党员远程教育中心的场地和网络资源连结上下左右并提供视频播放，借助共享工程的技术装备和数字资源提供数字信息资源服务和远程信息服务，借助农家书屋和乡村图书室的文献作为初始藏书，借助县级图书馆的专业化技术和管理、计算机管理系统、文献资源，实现专业化的管理和服务，并借助流动图书车定期更新调配文献资源、提供技术维护并开展流动图书馆服务，使"农村公共信息服务中心"充分发挥社会综合信息保障系统的神经末梢作用，把政府公开信息、公共文化服务、全国文化信息资源共享工程覆盖到广大农村，在农村提供较为专业化的、普遍均等的公共信息服务。

（1）完善县级图书馆总分馆建设，建立经济高效的县/镇总分馆体系

乡镇是市（县）连结乡村的桥梁，是在现行行政体制下县与

乡村的中间环节。每个县级市都有200至300个乡村（社区），县级图书馆不可能越过乡镇对面广量大的"农村公共信息服务中心"实施直接管理。但通过乡镇图书馆管理"农村公共信息服务中心"，乡镇图书馆必须完全依照市（县）图书馆的意图，并能在资源调配、专业服务、活动延伸上起到承上启下的作用。因此，必须以法规或文件的形式，把县／乡镇的总分馆制以制度化，实行市（县）图书馆实现对乡镇分馆的统一管理，其中关键是乡镇分馆工作人员的直接管理。

另外，由于数度撤乡并镇，被撤并的集镇现在有多种称谓：非中心镇、中心社区等。由于行政中心迁移，这些非中心镇区原有的乡镇图书馆许多已经不再开放，但大部分馆舍还在，而且也是人口聚集之地，应该也要设立县级图书馆的分馆，并按乡镇分馆一并纳入统一管理。这方面，吴江市已经开始先行一步。

（2）农村公共信息服务中心的必需条件

在下列的必需条件中，许多条件已经具备。

① 馆舍

分成两个部分：一是党员远程教育播放室，同时可以兼作共享工程信息资源视频播放室和讲座等活动室，这个绝大部分乡村都已经具备。二是阅览室，约50平方米（这个条件，有些乡村也已具备）。

② 设备

借用共享工程基层服务点的3到5台电脑，书架（6只双面六层书架），2只五层期刊架，3只报架，24套阅览桌椅（包括8套少儿阅览桌椅），一个工作台（包括工作电脑一台），远程监控设备。

③ 文献

图书： 对农家书屋原有的图书，模糊产权问题，交县级图书馆著录加工，回溯建库，进入统一流通；今后在农家书屋上投入的资金，直接下达到县级图书馆，如果是直接配送图书，则图书的品种应由县级图书馆进行选择，原则为 10 个点选一个复本。通过县级图书馆统一著录加工后的图书，再根据各个"农村公共信息服务中心"的实际情况进行调配，至少应每月调配一次，每次调配不能少于 100 册图书。

报刊： 报刊是乡村（社区）阅读室的主要读物之一，特别适用于老年读者，建议不少于 50 种。

数字资源： 共享工程的信息数据；图书馆自建的数据库；图书馆外购的数据库（包括电子图书、视频资料、数字化报纸、休闲期刊、学术期刊等）。

④ 网络

借用党员远程教育的网络，同时借用共享工程要求安装的 VPN 虚拟专用网络。利用 VPN 网络，可以实现数字信息资源的安全传播，保护知识产权。

⑤ 软件

借用各公共图书馆的计算机管理系统。目前张家港、昆山、太仓三个图书馆已经更新为 Interlib 系统，吴江图书馆使用"汇文管理系统"，常熟使用"力博管理系统"，后两家可能需要更新管理系统。借用县级图书馆的计算机管理系统后，在技术上可以保障在一个县级市内县级图书馆、乡镇分馆、农村公共信息服务中心的所有图书在一个平台上实现检索、资源共享、统一调配、通借通还，数年后，全苏州市公共图书馆的文献资源都能在一个平台上检索和通借通还。

⑥ **人员**

"农村公共信息服务中心"由乡村指定专门工作人员，经县级图书馆业务培训后持证上岗，负责"农村公共信息服务中心"的开放服务，接受县级图书馆的指导、监督和考核。

县级图书馆需要为此项任务长期承担文献采编、加工、分拣、配送，技术（包括网络）维护，咨询支持，活动延伸（读书活动开展），业务培训，考核评比等工作，因而也需要为县级图书馆增加相应的专业人员。

⑦ **流动图书车**

经我们估算，一辆流动图书车一天最多可服务4个点，但每周只能跑6天（需要留有车上图书的整理、调配等工作时间，车辆保养维修时间等），则以四个星期为一个周期，一辆流动图书车约可服务近100个点。所以，需要为每个县级图书馆配备2至3辆流动图书车。文献资源的调配，是流动图书车的附带任务，其主要任务是停靠在"农村综合信息服务中心"附近，提供流动图书馆服务。根据经验，应选择车身长度8米以上的中型客车，能装载2 000册以上的图书，并按流动图书馆的服务要求进行改装。

⑧ **远程监控**

在各"农村公共信息服务中心"安装远程监控装置，与计算机管理系统、网上咨询平台、QQ工作交流平台等结合起来，使县级图书馆能够实现远程管理。暂时没有条件安装的，以QQ视频代替。

⑨ 正常开放

公示开放时间,并按公示时间提供服务。目前,文化部对农村共享工程基层服务点的开放时间规定不少于28小时/周,农村公共信息服务中心的开放时间可按此设定下限,并予以公示。

(3) 时间安排

我们通过调查、分析,并在今年两次全市公共图书馆馆长联市会议上进行研讨,认为在政策和资金条件到位的前提下,通过资源整合,用一份成本实现多种信息服务,并实现共赢是可操作的。张家港图书馆、吴江图书馆均表示,只要提供相应的支持,他们可以先行试点,今年完成乡镇分馆的直接管理,并建成一批"农村公共信息服务中心"。由于目前农家书屋、共享工程基层服务点等的资源、设备还在,还具备整合的条件,因此,大规模的推进不能拖得太久,如试点能有明显效益,则于明年全面铺开,以期在2012年底前全部完成。

通过整合资源,建立四位一体的"农村公共信息服务中心",实现农村公共信息服务的经济、高效和可持续,是实现"城乡一体化"、为广大农民提供普遍均等的公共文化服务的惠民之举、创新之举,将对市委、市政府提出"三区三城"建设目标的实现做出重要贡献。一旦实施,将实现农家书屋服务的正常化和持续化,实现全国文化信息资源共享工程信息服务的全覆盖和普遍均等的公共图书馆服务的全覆盖;四项互补,一举数赢,惠及全民。

宝岛台湾的公共图书馆设置与体系管窥[*]

笔者有幸参加江苏省文化厅组织的图书馆立法考察团，于10月12日抵达台湾省台北市，开始了对台湾省图书馆的考察。

代表团共18人，有文化部门官员，也有公共图书馆的馆长，尽管有共同的考察目的，但侧重点可能各不相同。笔者自定的考察重点，主要是台湾省公共图书馆及总分馆的设置体系、图书馆服务。在台湾期间，我们实地考察了台湾"中央图书馆"（汉学研究中心）、台湾故宫博物院图书文献馆、台湾大学图书馆、台中图书馆、花莲县文化局图书馆、埔里镇立图书馆等，并在台湾汉学研究中心、台湾大学图书馆、台中图书馆召开了三个研讨会。由于总体来说考察只有区区数天时间，参观的图书馆也有限，所以只能就了解、掌握的情况来分析研究，管中窥豹。

1. 建设主体[1]情况

台湾省的公共图书馆，主体上隶属于教育系统，但县级以下基层图书馆的建设主体是当地政府，并由各地文化局（文建会）管

---

[*] 本文刊登于《新世纪图书馆》2011年第2期。

理。从2001年1月17日台湾省公布的《图书馆法》来看,图书馆的主管机关是"教育部",在"直辖市"和县,归当地政府管理,包括在人员任用上,"公立图书馆进用第一项人员应依公务人员任用法规定任用,必要时,得依教育人员任用条件规定聘任"[2],所谓第一项人员是指公立图书馆的馆长。

根据台湾省2002年10月28日施行的《公共图书馆设立及营运基准》,将台湾省的公共图书馆分为"公立公共图书馆"、"私立公共图书馆"两大类,其中公立公共图书馆又细分为:"'国'立图书馆"、"'直辖市'立图书馆"、"县(市)立图书馆及县(市)文化局(中心)图书馆(简称县市图书馆)"和"乡(镇、市)立图书馆(简称乡镇图书馆)"[3]。因此,本次在台湾省参观的六座图书馆,建设主体各异,涵盖了全部。

台湾省共有536个大小公立公共图书馆[4],数量不少。与大陆不同的是,台湾省的335个乡镇图书馆、100个乡镇图书馆的分馆,属于公立公共图书馆,纳入公立公共图书馆管理和统计,乡镇的公立公共图书馆占全部公立公共图书馆的81%。按台湾省2310.9万人口计算[5],每个公立公共图书馆的服务人口为4.31万人,考虑到民众阅览室、流动图书馆等还未计进公立公共图书馆的统计表中,因此实际上平均每个图书馆的服务人口还要更少一些。

附表:台湾省公立公共图书馆统计表 *

建设主体	"教育部"		"直辖市"		县市文化局		乡镇公所		民众阅览室
地区	总馆	分馆	总馆	分馆	总馆	分馆	总馆	分馆	
台北市			1	41					11

---

* 台中图书馆. http://www.ptl.edu.tw/StatisticsData_List.asp?CatID=4,2010年10月更新。民众阅览室数据为笔者所加,只填列了笔者确切掌握的数据。

续　表

建设主体 地区	"教育部"		"直辖市"		县市文化局		乡镇公所		民众 阅览室
	总馆	分馆	总馆	分馆	总馆	分馆	总馆	分馆	
高雄市			1	15					
基隆市					1		7	1	
台北县	1				1		30	51	
桃园县					1		13		
新竹县					1		13		
新竹市					1		18	3	
苗栗县					1	1	11	2	
台中县					1		21	6	
台中市	1	1			1	1	11	2	
南投县					2		13		
彰化县					1		20	1	
云林县					1		20	1	
嘉义县					1		18	1	
嘉义市					1	2			
台南县					1	1	31		
台南市					1	6			
高雄县					1	1	27	9	
屏东县					1	1	33	3	
台东县					1		15	1	
花莲县					1		13		11
宜兰县					1		12	5	
澎湖县					1		5		
金门县					1		4		
连江县					1	1	3		
合计	2	1	2	56	25	15	335	100	22

原来一直听说台湾的公共图书馆均隶属于教育，但从附表的情况来看，实际上台湾省的公共图书馆建设主体层次很多，而且大量的基层图书馆隶属于文化部门。台中图书馆原来隶属于台湾省文建会，2008年8月才划归"教育部"管理。

2. 总分馆情况

从附表可以看出,台湾省的许多公共图书馆都有分馆,但并非如笔者原来想像的均以总分馆形式存在。而笔者原来的这种想法源于与台北市立图书馆的文献互换合作。

本馆与台北市立图书馆从 2005 年起建立文献互换合作关系。笔者通过交换来的《台北市立图书馆年刊》、《悦读台北》等馆刊,了解到了台北市立图书馆的总分馆设置、阅读推广工作等情况,非常希望能够实地考察一下。但此次考察并未安排参观台北市立图书馆,所幸,台北市立图书馆的洪世昌馆长也参加了在台湾大学图书馆召开的研讨会,并详细介绍了台北市立图书馆总分馆及服务情况。

台北市立图书馆是一个统一管理的真正的总分馆体系,是台湾省规模最大的公立公共图书馆系统,建设主体为台北市政府,服务于台北市的 12 个行政区、262.29 万市民。2010 年 3 月,台北市立图书馆共有场馆 56 个(包括 1 个总馆、42 个分馆*、11 个民众阅览室,2 座智慧型图书馆),平均每 4.68 万台北市民享有一座图书馆。总分馆内部实行人、财、物统一管理,统一采购、分编、加工和调配文献资源,统一对外开展服务,统一组织读者活动,其"悦读台北"活动有声有色,范围覆盖全台北市,参与部门和单位众多,影响广泛。

---

* 在附表中,台北市立图书馆只有 41 个分馆,原因是统计时间不一致,相差 1 个;另外,智慧型分馆未统计进附表中。

台北市立图书馆有工作人员436名（其中正式馆员399名、辅助人员37名），正式馆员是公务员（整个台湾省的图书馆员均为公务员），图书馆专业人员数量与服务人口之比为1.52比10 000，即每万人有1.52名图书馆员[6]。但尚未达到台湾省《公共图书馆设立及营运基准》中对"直辖市"立图书馆"每人口总数五千人，置专任人员一人"[3]的标准。

前面说过，原来以为台湾省的公共图书馆大部分会以总分馆的形式存在。但事实上，真正规模化地实行总分馆制的主要是台北市和高雄市。笔者在台湾大学图书馆举办的研讨会上介绍苏州的总分馆建设和服务情况时，台湾方面的参会人员都认为这是一个很好的总分馆建设模式，可以达到资源共享、方便利用、经济高效的目的，台湾的公共图书馆可以借鉴。当时笔者很奇怪，既然有台北市立图书馆这样真正的总分馆模式，为什么还对苏州图书馆的契约式总分馆模式感兴趣？回苏州后，把从台湾省带回的一些资料进行较为详细的研究，尽管在台湾省《公共图书馆设立及营运基准》第六条中明确规定"公共图书馆得视需要设立分馆、民众阅览室、图书巡回车或巡回站，其人员与业务受总馆之监督与管理"，但在第二十四条（馆舍设备）中，规定了"直辖市"立图书馆的分馆馆舍面积应该达到1 800平方米（台北市立图书馆的11个民众阅览室，其实是达不到面积要求的分馆），而对县及以下图书馆没有分馆馆舍面积的规定，这可以理解为对县（市）图书馆是否设置分馆未作硬性规定，从而也存在着各个独立设置的图书馆之间如何实现资源共享和方便读者的问题。这解答了笔者在研讨会上的疑惑。

台北市图书馆总分馆体系具有很高的服务效益。根据《台北市立图书馆年刊·2008年度》中的统计报表，台北市立图书馆总分馆体系共有阅览座席13 498个，馆藏文献资源551.4万册件，数据库44个（其中外购数据库19个），年度经费预算54 939.43万新台币（约合1.2亿元人民币），其中购书经费5 979.65万元新台币，采购图书225 643册，征订期刊7 245份（其中中文期刊5 952份），报纸1 450份（其中中文报纸1 348份），数据库19个。2008年，接待到馆读者1 374.29万人次，外借图书877.17万册次[6]，文献外借率为159%，市民人均到馆5.24次，人均外借图书3.34册／人，平均每位馆员服务读者31 520人次，接待读者的平均成本为8.73元／元（人民币），显示出非常高的经济性和服务效益。

另一个与大陆不同的现象是，没有发现台湾存在独立设置的社区（村）图书室，其要么是县市图书馆或乡镇图书馆的分馆，要么称为民众阅览室，虽然名称不同，但实质上却都是由总馆直接管理的分馆，因而能够提供与总馆基本一致的专业服务。

3. 区域性服务网络[1]情况

台湾省各县市和乡镇存在着大量的独立设置的公立公共图书馆，有县立、镇（乡）立。如花莲县文化局图书馆，建设主体为花莲县政府，文化局长即是图书馆长。花莲县除文化局图书馆外，还有13个镇都有镇（市镇、乡）立图书馆，也都独立设置，哪一级"立"，就由那一级投资建设和管理。花莲县的13个镇立图书馆因建设主体都是各个镇（乡）公所，因而所有业务均自行办理，包括文献资源的采编也各自负责，但13个镇立图书馆共用花莲县文化局图书馆的计算机管理系统，各镇立图书馆在完成文献采访后,在花莲县文化局图书馆的计算机管理系统终端上分编著录,花莲县文化局图书馆有专门的审校人员,对其著录的书目数据进行审校,通过审校的书目数据才能进入管理系统的中央书目库,因而全县 14 个图书馆可以统一检索,读者办理和使用统一的读者证,但只实行通借,不能通还(可以在全县 14 个图书馆中的任何一个馆借书,但必须归还到原借出馆)。有的镇(乡)图书馆为了方便读者和扩大受众面,又在社区设立民众阅览室,如花莲市立图书馆(所谓花莲市是花莲县下辖的一个镇)设了 11 个社区民众阅览室,用我们的话说是延伸服务,却与直属的分馆无异。但并非所有镇立图书馆都在社区设置民众阅览室,有的镇立图书馆是以流动图书车来解决服务的延伸,如埔里镇立图书馆,就有一个流动图书馆(他们称为"行动图书馆"),藏书 2 000 多册,由两名馆员随车服务,每星期外出服务三天,专门为身处偏远小学和社区的未成年人提供服务。根据笔者网上搜寻,台湾省许多县市图书馆具备流动图书车,开展"行动图书馆"服务,但镇级流动图书馆很少,据资料,埔里镇的"行动图书馆"是全台湾乡镇第一辆启动阅读希望的巡回书车,在"九二一"地震后,由中台禅寺惟觉老和尚捐资 80 万元新台币购置汽车,再加埔里镇公所资费补助改装和增添图书而建立起来的,时间应该在 2000 年后。

4. 服务体系的管理及职责分工情况

台湾省共有 25 个县市文化局(中心)图书馆、450 个乡镇图书馆及分馆[3],主是承担为普通民众提供服务。这些图书馆都有县政府或乡镇公所作为建设主体,除少数分馆和民众阅览室外,均独立设置，图书馆之间没有隶属关系。县文化局是全县公共图书馆的业务主管部门，行使对全县乡镇图书馆的管理职能，定期对辖区内乡镇图书馆开展评估、评比，举办颁奖典礼，对年度业绩优异的乡镇图书馆给予表彰。各个县市图书馆的网页上，往往都有所在县的所有公立乡镇图书馆的名录、介绍、地址、联系方式、活动安排等内容；台中图书馆网站上有一个"图书馆家族"的栏目，可以按地区、按类别、按条件检索全台湾的县市、乡镇公立图书馆，每个图书馆都至少有一个页面，介绍馆名、电话、地址、网址，该馆的简介、服务项目、开放时间、借阅说明、馆藏描述、特色馆藏、残障服务等，并有地图链接和统计链接。

台湾省的公共图书馆分别隶属于教育和文化，但在某些方面并不影响图书馆之间的辅导、馆际合作和资源共享。各乡镇图书馆在经费的获取上，也是两头都靠。如埔里镇图书馆，隶属于文化部门，正常经费由镇公所提供，但埔里镇图书馆每年都向县教育主管部门申请购书经费补助，每年都能够获得县教育主管部门几十万新台币的购书经费补助。

台中图书馆除自身有 1 个总馆、1 个分馆、3 个微型自助图书馆，每年接待上百万的读者（2010 年前 11 个月接待到馆读者 97.9 万人次，借出图书 188.8 万册次）[4] 外，还是全台湾 25 个县市图书馆和 543 个乡镇图书馆（包括分馆）的业务辅导馆*。但值得注意的是，台中图书馆对全台湾县市以下图书馆的辅导，并没有仅停留在传统的业务辅导上，而是很好地履行了省

---

* 乡镇图书馆数量是台中图书馆的介绍，与台中图书馆网站"图书馆家族"中的统计表中的数据不一，可能是对民众阅览室的统计口径不一而造成的结果。

级图书馆的职能,如凡外购数据库,一般都以全台湾公共图书馆共享为原则购买,各馆可以锁定 IP 地址方式来使用台中图书馆的数字化资源。截止 2008 年 5 月,台中图书馆共拥有外购数据库 21 种,仅 2007 年,台中图书馆在外购数据库上的资金就达 6 700 万新台币[7]。

5. 感受和感想

看到台北市立图书馆的统计数据,对真正的总分馆的经济高效有了新的感性认识。从表面上来看,苏州图书馆 2009 年全馆接待到馆读者的单位成本为 6.69 元,效益比台北市立图书馆的 8.73 元要高,但如果考虑到地区间物价因素,可以想像苏州市的 6.69 元要比台北市的 8.73 元值钱得多;从另一指标来看,台北市立图书馆 436 名工作人员年接待到馆读者 1 374.29 万人次,平均每位工作人员服务 31 520 人次,苏州图书馆 223 名工作人员今年前 11 个月已经接待 496 万人次的到馆读者,全年稳超 530 万人次,平均每位工作人员服务 23 767 人次,效益仅为前者的 75%。因此,我们应当清醒地认识到,服务效益还有很大的上升空间。

台湾省对公共图书馆的设置有比较完备的法律法规,特别是《公共图书馆设立及营运基准》,对公共图书馆的设立、人员、馆藏、馆舍、服务和管理都有明确的规定,可操作性很强。尽管在建设主体上,笔者认为还有可以完善的地方:乡镇一级是否需要作为公共图书馆的建设主体,如果将其上移到县市一级,是否更利于资源共享和服务的均等?但许多规定和指标确实都很有利于公共图书馆的发展和服务的开展，值得我们借鉴。如规定中心城市每五千人配备一名图书馆专业人员，县市图书馆配备的专业人员不低于 15 人，而据说我国大陆将要设定的指标是每 2 万人配备一名图书馆专业人员，存在着很大的差距，且一刀切的规定也不尽合理；在馆舍的设置上，规定即使中心城市的总馆一般也以 2 万平方米为宜，但分馆的馆舍面积则需达到 1 800 平方米，体现了节省和方便利用的原则，在图书馆规划和建设时，就体现了图书馆服务的均等化，避免了我们城市中心图书馆建设动辄数万甚至 10 万平方米，而广大社区又缺少正规图书馆服务的状况。

台北、高雄两市实行真正的总分馆制，但大量的基层图书馆在馆际资源共享上，还没有达到大陆有些地区已经开展的区域性服务网络的共享水平。台中图书馆因划归教育管理，与台中市文化部门所属的公立公共图书馆无法实现图书的通借通还；花莲县的 14 个图书馆因为独立设置，尽管在一个计算机管理系统中处理文献的分编和检索，但仍突破不了文献资产权的障碍，只实行一卡通借而无法实现通还。

根据台湾省的《图书馆法》的第 3 条明确规定了（图书馆）主管部门最低为县（市）政府，但在第 4 条又解释公共图书馆"指由各级主管机关、乡（镇、市）公所、个人、法人或团体设立，以社会大众为主要服务对象，提供图书资讯服务，推广社会教育及办理文化活动之图书馆"。而在《公共图书馆设立及营运基准》中把"乡（镇、市）立图书馆"作为公立公共图书馆的最后一类，从而使乡镇公所成为台湾省公共图书馆最底层的建设主体，存在了大量的独立设置的乡镇图书馆。从了解到的情况和收集到的资料来看,台湾省许多乡镇公所的经济状况并不理想,由这些乡镇公所作为建设主体的公共图书馆的经费紧张也就在情理之中,有报道称,台湾省有八成乡镇图书馆存在常年无钱购书状况[8]。可以想像,台湾省的农村与城市相比,在享用图书馆服务上也存在着差异,尽管台北市每座图书馆的服务人口数比全台湾省的平均数还要高,但台北是人口密集的城市,实际上图书馆的密度要比乡镇高得多,服务也会要好得多、专业得多。因此,如何科学合理地解决公共图书馆的设置与体系建设的体制、实现建设主体上移等问题,并非仅我国大陆独有。实现公共图书馆服务的普遍均等,对图书馆人而言是一个永无止境的追求,需要我们不断探索、实践和研究。

参考文献

[1] 邱冠华,于良芝,许晓霞. 覆盖全社会的公共图书馆服务体系:模式、技术支撑与方案[M]. 北京:北京图书馆出版社,2008:7.

[2] 台湾省《图书馆法》,2001-01-17.

[3] 台湾省《公共图书馆设立及营运基准》,2002年10月28日施行.

[4] 台湾公立公共图书馆统计表. [2010-12-13]. http://www.ptl.edu.tw/StatisticsData_List.asp?CatID=4.

[5] 台湾中央图书馆(汉学研究中心)年报 2009.

[6] 台北市立图书馆年刊,2008.

[7] 台中图书馆. 台中图书馆 85 周年庆专刊.

[8] [2010-12-13]. http://group.tiexue.net/roc4/post_2949455.html.

示范区创建中深化"苏州模式"的制度设计研究*

1. 苏州总分馆的成效与瓶颈

2004年,以"中国图书馆百年"为主题的中国图书馆学会年会在苏州召开,这次年会,重新唤醒了包括苏州图书馆在内的中国公共图书馆为人民群众提供平等、免费、无差别服务的职业使命感和责任感。当时,苏州图书馆面对的状况是,设计接待能力每天3 000人次的新馆平均需要接待4 300人次,图书馆服务供不应求,而原本希望能起到分流读者作用的四个分馆中三个门可罗雀(另一所分馆设在军营)。在这样的情况下,苏州图书馆通过总结和反思分馆建设以及20世纪90年代乡镇万册图书馆失败的原因和教训,发现最主要的问题在于总分馆没有真正成为一个体系,总馆没有掌握分馆的管理权和控制权,分馆工作人员专业技能低下,分馆不能按公示时间正常开放,更谈不上提供与总馆服务质量基本一致的服务。

---

* 本文为苏州市创建国家公共文化服务体系示范区制度设计研究的中期成果之一,刊登于《中国图书馆学报》2012年第3期。

在总结分馆建设失败教训的基础上，苏州图书馆还对上海、深圳等地的总分馆进行实地调研，对国外的总分馆制开展文献调研，厘清了思路，于2005年初起草了《苏州市城区公共图书馆网络建设方案》，递交市政府，希望市政府能够主导苏州的总分馆建设。同时，为了证明方案的可行性和总分馆的优越性，苏州图书馆积极寻找分馆建设的合作伙伴。在以后的半年多时间里，寻找合作伙伴的工作可以"屡败屡战"来形容，但功夫不负有心人，终于在2005年10月，苏州市沧浪区政府愿意将刚建成的沧浪少年宫图书馆委托苏州图书馆管理，苏州图书馆由此开设了第一个直接管理的分馆——沧浪少儿分馆。尽管这个分馆只是一种合作、委托，但由于运用了"动态资产权"、"孵化式培训"、"扁平管理"等方式[1]，直接由总馆向分馆派遣工作人员，保证了分馆开放正常、资源适用、服务专业、活动统一，从而吸引了大量的社区居民，读者盈门。各个区政府、街道办事处看到举办社区分馆投入不多，居民欢迎，因而纷纷开始与苏州图书馆洽谈合作建设分馆的可能性，苏州图书馆的分馆建设实现了从艰苦寻找合作伙伴到合作伙伴自行上门的转变。到2010年底，苏州图书馆通过合作、接受基层政府的委托等方式，共建成了26个分馆（至2011年底已达36个分馆）。

苏州图书馆的总分馆是一种在合作基础上的全委托模式，即由建设分馆的合作对方提供分馆的馆舍、装修、设备以及开放中的水电等费用，并每年向苏州图书馆支付一定的人员和购书经费。苏州图书馆向分馆派遣工作人员，提供分馆初始馆藏文献、征订报刊、开通数据库，并每月向分馆补充更新400至500册图书（包括新书及周转书），负责分馆的开放服务。读者在总馆和分馆都可以办理统一的读者证,在总分馆系统内部通借通还、预约借书,因而在分馆也可以享受到与总馆基本相同的服务。为了保障分馆服务与总馆在质量上的基本一致,苏州图书馆还采取了一系列的方法和措施,如建立分馆馆员每周一上午集中总馆接受业务培训的制度,与分馆合作单位定期沟通的例会制度,在分馆安装远程监控设备,建立远程咨询平台和机制,把讲座、展览、读书活动等延伸到分馆等。这些措施,保证了分馆有适用的资源、专业的服务、丰富的活动,很快培养起了社区居民利用图书馆的习惯,分馆到馆读者很多,效益很高。2010年,苏州图书馆的26所分馆共接待到馆读者314.82万人次,借出图书80.08万册次,全年仅支出(包括分馆合作对方支付的水电等费用)465.5万元。如果我们将这些分馆与全国的县级图书馆做一个平均效益水平的比较(见表1),不难发现,分馆不仅接待读者的单位成本要低得多(相对效益较高),而且分馆平均每年接待的读者也比县级馆要多出50%以上(绝对效益也高)。

表1 2010年全国县级图书馆与苏州分馆的平均效益比较

(单位:万元、万人次)

	个数	总支出	到馆读者	单馆平均支出	单馆平均读者	读者接待成本
全国县级馆	2,512	252,480.3	17,970.67	100.51	7.154	14.05元/人
苏州分馆	26	465.5	314.82	17.9	12.11	1.48元/人

注:表中全国县级馆数据引自《中国图书馆年鉴》2011卷。

数年中,苏州图书馆总分馆体系从无到有、从小到大,通过思路、技术、服务、管理等方面的创新,一定程度上绕开了体制的障碍,彰显了总分馆在服务上的方便快捷和经济高效。然后,正如于良芝教授在调研苏州总分馆后所表达的担心：苏州总分馆一直没有解决政府主导这个最基本的问题，总分馆没有成为政府为市民提供公共图书馆服务的制度，存在着许多不确定因素，总分馆体系中由契约维系的各个分馆，都可能因某种不可预见的因素而随时终止合作，如双方领导的更迭、某方需要压缩经济开支等[1]。同时，政府的缺位，使苏州的总分馆既无法按照规划完成分馆的科学布局，又使得苏州图书馆以自身有限的专业资源来支撑一个庞大的服务体系，大家都觉得负担沉重，根本无法做到覆盖市区，也就谈不上服务的普遍均等。所以，依靠职业自觉和合作模式不可能建立起真正的总分馆，也实现不了全覆盖，职业创新无法从根本上替代政府的责任[2]。

2. 苏州创建示范区中为总分馆设计的制度

总分馆体系是"由同一个建设主体资助、同一个主管机构管理的图书馆群，其中一个图书馆处于核心地位作为总馆，其他图书馆处于从属地位作为分馆；分馆在行政上隶属于总馆，或与总馆一起隶属于同一个主管部门，在业务上接受总馆管理"[3]。总分馆体系与单独运行的图书馆相比，能够产生更高的服务效益主要源自三个因素：一是分馆因有总馆在专业、技术、行政、后勤等方面的支撑而节省了专业人员的成本；二是因分馆在资源上通过总分馆体系内（包括总馆和其他分馆）的统一采编、充分流动、按需调配等共享方式而节省的资源建设成本；三是总馆借助分馆延伸了服务触角，分馆贴近读者、方便读者，培养了读者利用图书馆的习惯，扩大了读者群。三大因素的综合结果，使总分馆的效益增长幅度比成本增加幅度要高得多，实际上，是因为统一管理、资源共享、扩大读者而摊薄了图书馆的运行成本。可以看出，总分馆要发挥这三大因素的作用，需要总分馆是一个统一管理的整体。内部结构越紧密、管理的统一程度越高，总分馆就越能发挥效益，许多研究成果都显示了这个规律[4-8]。而要使总分馆能够实现人财物的统一管理，政府主导和建立制度是最根本的前提和保障。

近几年来，公共图书馆服务体系的实践探索和理论研究的成果，都揭示了总分馆是实现我国公共图书馆在服务上的平等快捷和运行上的经济高效的组织形式和服务模式。在如此巨大的优越性面前，绝大多数地区的总分馆建设仍得不到政府推动、形不成制度的原因在于体制。我国公共图书馆事业长期以来的格局是"各级政府分级设置图书馆"，这个格局因为植根于我国政府的其他体制（如行政体制、财政体制）而变得天经地义，并很少质疑它的合理性[9]。在这个体制下，"一级政府建设一个图书馆"的做法既成为人们根深蒂固的思维定式，也成为图书馆之间合作与资源共享的坚硬壁垒[10]。图书馆界近年来对总分馆、区域性服务网络等服务体系建设的所有努力，实质上是希冀冲破这种体制的壁垒。

因此，2010年底文化部、财政部发起的创建"国家公共文化服务体系示范区"（以下简称示范区，下同）如同突破这个体制壁垒、推进总分馆制度建设的有效推手，至少对创建示范区的东部地区来说，总分馆成为创建示范区标准中的重要内容。由于苏州通过申报成为首批31个创建示范区的城市之一，因而也使苏州总分馆的转型升级遇到了千载难逢的机遇。

在创建示范区中的公共图书馆，馆舍的建设、购书经费的增加等固然很重要，但笔者却认为制度设计研究更是重中之重，而且从长远来说，评价示范区创建成功与否，关键看是否设计出既符合当地实际，又符合公共图书馆总分馆体系长期生存、服务专业、读者便捷、经济高效、可持续发展的客观规律，并在创建实践活动中得以验证而建立起来的切实可行的制度。第一，虽然创建示范区首先是一项实践活动，但如果仍然按照原有体制一级政府建设一个图书馆，则可以肯定基层图书馆又会回到建了关、关了建的老路上去，既不可能全覆盖，更不可能实现普遍均等。第二，只有对公共图书馆服务体系的建设和可持续发展进行探索，设计出既结合当地实际又符合客观规律的设置、建设、运行、发展的模式和制度，并通过创建示范区的实践活动对其验证、完善，经过反复的理论、实践、再理论、再实践的过程，使示范区的公共图书馆服务体系从制度到模式都固定下来。第三，通过示范区的创建，如果仅仅建立了示范区本身的公共图书馆服务体系，那是"一城一地之得失"，意义有限，但若通过创建活动，探索、设计、验证、建立可供公共图书馆服务体系实现可持续发展的制度，成为其他地区可资借鉴的成功经验，创造出示范意义，这才是示范区创建的真正意义所在。因此，从这个意义来说，制度设计研究比示范区创建实践活动本身更加重要。

鉴于这样的认识，苏州图书馆抓住配合主管局为市政府起草创建规划和方案的机会，把总分馆建设的制度一并设计进去，形成了《苏州市总分馆建设实施方案》，这个方案，既考虑了总分馆必须遵循统一管理等内在规律，又兼顾了目前还一时无法完全突破的财政体制，便于迅速和顺利地通过政府和相关部门的审核，使总分馆进入政府主导并成为制度。其主要内容和设计思路包括：

(1) 总分馆的建设主体

① 苏州市政府为市区总分馆的主要建设主体、区政府为次要建设主体。

② 有条件的区政府可以作为独立的建设主体。

③ 县级市作为各县级总分馆的建设主体。

这个设计，充分运用了以往对总分馆建设的研究成果，首先免除了区县以下政府建设、管理公共图书馆的责任，把建设主体上移到了区县政府，既明确了总分馆的建设主体，并且这个建设主体有承担总分馆建设和管理相应的公共财力，又便于总分馆的构建。没有将市区的建设主体直接上移到市政府原因，是因为苏州的区级政府都有较强的财力，更为便于市、区两级政府的领导容易接受方案。

(2) 总分馆的管理单元

① 苏州图书馆是全市公共图书馆的中心图书馆，负责制订全市公共图书馆的设置规划以及采编、服务、技术、管理、考核评估等标准，指导全市公共图书馆业务工作有标准、按规范的开展。

② 各区政府必须设置统一管理、科学分布的总分馆体系。缺乏专业力量的区可以由区政府将区总分馆体系一并委托苏州图书馆管理。

③ 县级市由各县级图书馆为总馆，在各镇政府所在地、撤乡

并镇的人口聚集区设置统一管理的分馆，建立覆盖全县域的总分馆体系，以流动图书车定期服务各个乡村。

苏州的实际情况是：五个县级图书馆馆舍面积最小也达到11 000平方米，专业实力都较强，而绝大部分的区级图书馆都很弱小，七个区中的四个区图书馆原来已经委托苏州图书馆管理。因而按照规模经济原理和省力法则，方案实施后的结果基本上会形成大部分区级总分馆体系委托苏州图书馆管理的格局。

(3) 总分馆设施网点设置

① 市级图书馆。按《公共图书馆建设标准》[11]和苏州市区常住人口，苏州图书馆建筑面积不低于40 000平方米，尚缺的15 000平方米采用建设一个集采编中心、保存中心、调配中心、外借中心为一体的超级书库。采用这样的办法，可以既解决因增加图书采购带来的胀库问题，又解决全市总分馆文献资源有效调配问题。

② 区级图书馆。每区设立区级图书馆一座，并按每4万人设置一个分馆，进行科学布局，每个分馆的面积不小于300平方米，区级总馆及分馆的建筑面积之和不低于《公共图书馆建设标准》规定的建筑面积。就苏州而言，《公共图书馆建设标准》对区和县两级图书馆的建筑面积规定有些不尽合理，县级图书馆按城关镇常住人口计算，区图书馆按辖区常住人口计算，这样，区图书馆的面积会比县级图书馆大得多。但事实上，区图书馆要发挥的作用又远低于县级图书馆，所以，我们对这个标准作相应调整，把区级图书馆的馆舍面积的一部分放到社区分馆去，但区总分馆体系的馆舍面积之和不能低于《公共图书馆建设标准》的规

定要求。

③ 县级图书馆。每县级市至少设置县级图书馆一座,建筑面积不低于《公共图书馆建设标准》规定,并在每个镇、撤乡并镇的人口聚集地、远离总馆的社区等设置分馆,镇级分馆的建筑面积不小于800平方米,其他分馆的建筑面积不小于300平方米。

④ 在乡村,将共享工程基层服务点、党员现代远程教育中心、农家书屋和乡村图书室整合为一个整体,由乡村大学生村官兼职每天开放半天,县级图书馆借助流动图书车每月为其调配资源,并作为停靠点每月停靠服务不少于1个小时。理论上,通过这样的整合,可以用一份成本提供原来因条线分割而分散提供的多种服务,节省了运行成本,由于有县级图书馆的流动图书车定期停靠服务和调配资源,并提供技术、业务支撑,活动的延伸,有望改变原来乡村公共文化设施不能正常开放、资源陈旧、服务质量低下等面貌;实际上,苏州吴江已经开始在三个乡镇进行试点,初见成效。[12]

(4) 统一管理

① 总分馆体系内部统一资金使用。

● 总分馆统一编制经费预算和会计核算。

● 对委托管理的区级图书馆,市财政向各区财政统一集中区级总分馆的购书经费,一并拨付苏州图书馆,市财政按财政分成比例进行补贴分担;独立的区总分馆则市财政不予补贴。这在政策导向上鼓励了区政府将区总分馆委托苏州图书馆管理。

② 各总分馆体系内部实行统一管理。

● 人员统一管理,总馆对分馆有人事管理权。

● 实行委托管理的区级总分馆，应将区级总分馆的人员编制和预算一并委托。

● 文献资源由总馆统一采编、调配、周转，文献数据入总馆的中央书目库。

● 使用同一个计算机管理系统。

● 在分馆安装远程监控。

● 有总分馆统一的标志标识。

③ 各总分馆体系内部实行统一服务。

● 总分馆均可办理统一的读者证。

● 总分馆执行统一的服务标准。

● 读者免证阅览、免费上网，外借文献可以通借通还，并能预约借书。

● 有统一的网上参考咨询平台和及时应答机制。

● 总分馆内统一开展读者活动。

（5）统一资源建设

① 2012年底达到全市人均藏书1册。

② 2012年后，市、县（区）两级政府按确定的比例安排购书经费，全市人均购书不少于0.1册/年，确保在"十二五"末人均拥有藏书1.2册。

③ 全市公共图书馆实行文献资源的协同采购，纸本图书的采购根据馆藏发展政策和读者需求控制复本量，对确定购买的数字资源每种全市只采购一份，并采用分布存储的方式，在所有公共图书馆（包括分馆）能够共享。

④ 全市自建数字资源的共建共享。全市自建数字资源统一建

设标准和发布标准,形成具有苏州地方特色的数字化文献资源。

(6) 市—县、县—县总分馆系统之间的资源共享

① 六个总分馆系统之间实行一卡通用。

② 六个总分馆系统均执行全市统一的服务标准。

③ 读者可以外借本市所有总分馆系统的文献,总分馆系统之间在处理这种外借时,前台以通借通还处理,后台以馆际互借方式处理,读者只能感受是通借通还。

(7) 评估和考核机制

① 建立领导小组和专家委员会。

② 制订评估标准。

③ 建立统计体系。

④ 定期开展评估考核并建立反馈和奖惩机制。

这个评估和考核分成两大部分,第一部分是对县、区政府的考核评估,主要是设施网络的设置、编制和经费的拨付等是否按规定到位;第二部分是对图书馆的考核评估,主要是业务指标是否达到示范区标准的要求。

目前,这个方案已经作为苏州市政府的文件颁布[13],按照国情,可以视作苏州市在总分馆建设和管理上的制度。苏州的总分馆建设历经数年努力没有达到的目标,通过创建示范区,特别是创建示范区中的制度设计,成功着陆,进入政府主导,既有些不敢想像,又其实是一种必然。笔者作为两次设计苏州总分馆方案的具体经办人,既如在梦中,又切实感受到真实。

2008年时,于良芝教授曾经撰文:"在总分馆建设方面,绝大多数地区的图书馆界都在通过委托和协议关系自行建立具有一定业务隶属联系的'总分馆',而不是推动政府在理顺总馆建设主体与分馆建设主体、总馆主管部门和分馆主管部门关系的基础上,建立人财物统一管理的总分馆。"[14]即使现在,在国内真正实现人财物统一管理的总分馆仍然凤毛麟角。可以说,没有创建示范区活动,依靠图书馆职业可能永远无法打破体制壁垒,而且可以预计在开展创建示范区活动的地区中,能够打破这个壁垒的也只占创建城市总数的一小部分。然而,相信通过三期示范区的创建,一批创建示范区的城市会形成总分馆的制度,且展示出良好的服务效益,提供可资借鉴的成果,这将起到极大的示范和推动作用,有望使我国公共图书馆的总分馆建设有制度、按规律,从而让人民群众切实享受到普遍均等的公共图书馆服务。

参考文献

[1] 于良芝.为了普遍均等的图书馆服务——评苏州图书馆的分馆建设[J].国家图书馆学刊,2007(3):18—19.

[2] 于良芝,邱冠华,许晓霞.走进普遍均等服务时代:近年来我国公共图书馆服务体系构建研究[J].中国图书馆学报,2008(3):31—40.

[3] 邱冠华,于良芝,许晓霞.覆盖全社会的公共图书馆服务体系:模式、技术支撑与方案[M].北京:北京图书馆出版社,2008:8.

[4] 余子牛.效益是这样产生的[J].图书与情报,2008(6):119—122.

[5] 李东来.让更多的人享受图书馆:东莞城市图书馆发展的思考与实

践[J].山东图书馆学刊,2009(1):40—44.

[6] 李超平.中国公共图书馆服务体系"嘉兴模式"研究[J].中国图书馆学报,2009(11):10—16.

[7] 周英雄.深圳市宝安区公共图书馆服务体系建设探索与未来发展[J].图书与情报,2011(1):86—90.

[8] 林丽萍.厦门市图书馆托管型分馆建设实践及思考[J].图书与情报,2010(6):109—112.

[9] 于良芝,邱冠华,李超平,王素芳.公共图书馆建设主体研究:全覆盖目标下的选择[M].北京:国家图书馆出版社,2011:146.

[10] 李国新.跳出"套杯"外,建设总分馆[N].中国文化报,2008-08-31.

[11] 中华人民共和国住房和城乡建设部,国家发展和改革委员会.公共图书馆建设标准(建标108—2008)[M].北京:中国计划出版社,2008.

[12] 潘丽敏.吴江市整合农村信息服务资源的探索与展望[J].图书与情报,2011(3):91—93.

[13] 苏州市人民政府办公室.关于转发苏州市公共图书馆总分馆体系建设实施方案的通知(苏府办[2011]180号).

[14] 于良芝.公共图书馆服务体系研究[J].中国图书馆学报,2008(2):79—80.

对美国公共图书馆的再认识*

美国公共图书馆的服务理念之先进、事业之发达有较多的介绍，也是众所周知的事实。就笔者而言，2006年6月曾随中国图书馆学会赴美参加ALA年会，参观考察了一些美国公共图书馆和高校图书馆；因为与于良芝教授联合承担中图学会的课题，对美国公共图书馆情况进行过文献调研，自认为对美国公共图书馆有较为清晰的认识。

在中美图书馆专业交流项目中，苏州图书馆承担了该合作项目中的子项目——"中文信息平台"的开发和维护，使笔者不仅有机会数次借接待美国同行来苏技术指导的机会开展交流，而且受文化部派遣，于2012年6月赴美参加专业交流。在美国20天的时间中，在伊力诺依大学香槟校区接受了系列培训；参观考察了十几个公共图书馆，并在每个图书馆与美国同行进行了交流；在皇后图书馆进行了实习，与总馆长葛云峰先生（Thomas W.Galante）以及所有部门主任进行了交流，并且向美国同行介绍了自己所在图书馆的情况和成就。通过考察和交流，结合已有的认识，形成了对美国公共图书馆的一些新的认识，在此与大家分享。

---

* 本文刊登于《图书馆》2013年第1期。

1. 美国公共图书馆的设置

美国是联邦制国家,各个州有较大的自主权,有各自的公共图书馆法规,但一般也都是授权地方政府作为当地公共图书馆的建设主体[1],这些地方政府可以是州政府、县政府、市政府,也可是多辖区的联合政府或者学区政府。弄清"社区"和"市"这两个概念有助于我们认识美国公共图书馆的设置。我国的社区概念指居民区,规模有限,社区的管理机构是居民委员会,居民委员会是居民自治组织,其上级为街道办事处;而美国的社区是指一个人口聚集区,规模可大可小,小可以是一个人口千把人的居住区,大可以到一个城市;我国的市是一个行政建制,主要是指省政府下辖的地级市,但也有直辖市、县级市,而美国的"市",可以是隶属州的城市,如纽约市、芝加哥市,也可以是由一个镇、一个(或若干个)社区的居民自主达成共识并经政府批准的一个区域,因而,社区与市有时是一回事(范围相同),有时又不是一回事(范围不同),除了大城市,其他的市更多的如同我国的镇,可能与东莞市的街镇有些相似。

公共图书馆作为民主社会的制度安排,当地政府理所当然地需要履行公共图书馆建设主体的责任,美国也不例外,也是以行政区划来设置公共图书馆的,所不同的是并不一定按一级政府设置一个图书馆,而是按照人口和需求,可以设置一个,也可以设置一群,因而是按需设馆,较为科学。如纽约市公共图书馆服务体系有三个公共图书馆总分馆系统组成:纽约公共图书馆、皇后图书馆、布罗克林图书馆。我们原来一直将皇后图书馆称为"皇后区图书馆",确实,纽约有个皇后区,但皇后图书馆却并非皇后区的公共图书馆,它的建设主体是纽约州政府,但其经费来源却大部分来自纽约市政府(见附表),造成这个结果的原因,是卡内基基金会在援建皇后图书馆时与纽约市政府达成协议,建成后的运行经费主要由纽约市政府承担,协议一直执行至今。

附表 皇后图书馆 2011 年经费来源情况表

经费来源	金额(万美元)	占比(%)
纽约市政府	8 764	71.98
纽约州政府	628.2	5.16
联邦政府	321.6	2.64
捐款(个人,企业,公司和基金会,包括承诺捐助)	15.5	0.13
罚款和收费	265.3	2.18
来自投资的收入(亏损)	138.4	1.14
捐赠的设施	1 959	16.09
捐赠的服务	56	0.46
其他	27.5	0.23
合计	12 175.5	100

注:数据来源于《皇后图书馆 2011 年总体报告》。

从附表可以看出美国公共图书馆的管理体制以及对公共财政投入上的灵活机制,这与我国一级政府建设一个图书馆、一级政府管理一个图书馆形成很大的反差。由于多级政府投入这种情况在美国普遍存在,而且纽约的财政应该完全有能力独立承担起公共图书馆的建设主体责任(前面说过皇后图书馆的建设主体是纽约州政府,非常明确),因而这种多级政府投入与我们所说的联合建设主体[2]或者多元投入并不是一回事:联邦政府和纽约市政府并不因为对皇后图书馆的投入而产生相应的诉求,也不影响纽约州政府对皇后图书馆的建设主体地位，而我国的多元投入往往形成各个投入主体对图书馆资产、管理等方面的诉求，最后形成多头管理，甚至可能成为互相推卸责任的借口。

2. 公共图书馆服务理念的运用

可能因为某些文献和文章在介绍时的片面，使国内对美国公共图书馆的认识有点偏差，似乎美国的公共图书馆服务是完全按理论上的公共图书馆服务理念来展开的。据笔者考察，美国公共图书馆非常讲求理念与实际的结合，对理念并不生搬硬套，而是灵活运用。

(1) 不拒绝任何人，但不一定免费

虽然国内公共图书馆事业几年来发展很快，但不可否认，美国公共图书馆事业比我国大陆要发达得多，而且，他们对公共图书馆服务理念已经深入骨髓，我们大概没有机会发现美国同行们的服务会不符合公共图书馆理念。

但是，对理念如何理解、如何执行？美国的各个图书馆对某些方面做法一致，如对待流浪汉，我们在数个图书馆（甚至高校图书馆）看到有流浪汉在图书馆睡觉，只要在图书馆的开放时间内，流浪汉在不影响其他读者阅读的前提下，图书馆都不会干涉流浪汉。但对另外一些理念的运用，各图书馆并不千篇一律，如开放时间上各馆并不一致，更没有发现 24 小时开放的公共图书馆，我们参观的几个公共图书馆大致如此：周一至周四 9:00 至 20:00，周五 9:00 至 18:00，周六 9:00 至 15:00，星期天 14:00 至 17:00，法定节假日闭馆。他们告诉笔者：这样的开放时间最有效（应该是经过统计和调查的结论吧），且图书馆员也必须享受休息的权利。在对所有人服务上，如纽约公共图书馆、皇后图书馆、芝加哥公共图书馆等大型图书馆一般都在较大范围上对所有人（也不是全部，主要是本地居民）提供一视同仁的服务。但社区图书馆，如香槟公共图书馆、厄本那公共图书馆、橡树公园公共图书馆等，对非本社区居民提供的服务则要收费（进馆阅览除外）。理由非常简单：图书馆的经费主要来自本社区的财产税，非本社区居民未在本地纳税，对图书馆没有贡献，所以不能享受免费服务。这个理由，他们认为天经地义，随你告到哪里，反正权利和义务需要对等，享受服务就得付费。这可能与我们原来对美国公共图书馆在为所有人服务上的认识不太一样。当然也可以这样认识：他们认为的"所有人"是指服务范围中的所有人，而可能我们原来的理解有偏差。

在服务上，既贯彻免费原则，但也防止滥用。如香槟市的居民在香槟公共图书馆外借文献是免费的，但如果外借最新的 DVD（有一排专架）则需要支付 1 美元／周，经询问，说是为了加快这些 DVD 的周转，防止这些新 DVD 滞留不还，同时，把收到的钱再用于新的 DVD 采购，又使更多的新 DVD 可以投入外借服务。事实上，免费与收费，本身是动态的，如我国对公共图书馆的免费服务规定了一个范围（称为基本服务），这个范围其实是动态的，今后应该会随着经济和社会发展而扩大免费范围；另外，即使是这个范围（基本服务）以外的服务（对应称为非基本服务）也并非一定需要收费。对公共图书馆而言，收费的目的应该主要视公平的需求，防止滥用，如美国公共图书馆都规定读者每天免费上网限时 45 分钟，事实上比国内公共图书馆提供的免费上网时间要短一些。因而，我们在界定基本服务和非基本服务、免费服务与收费服务时，应当综合考虑公平和效率：以免费为原则，同时防止免费过头产生滥用而形成公共资源的浪费。

(2) 提倡信息自由，但关键看馆藏政策和服务政策

我们知道在美国的公共图书馆崇尚信息自由，包括文献采访自由、信息获取自由。但实际上，各个图书馆对信息自由的理解和执行并不完全一致，考察中发现有的图书馆在网络信息提供上比较严格，色情网站一概屏蔽；也有的除变童网站屏蔽外，其他网站开放；也有的什么都不屏蔽。但是有一条，对未成年人使用网络，都有较为严格的规定，以保护未成年人的身心健康。这样的做法，也会引起了一些读者的非议和投诉。对于这种投诉，美国公共图书馆的做法是：只要在提供资源和服务上符合本图书馆公布的《馆藏政策》和《服务政策》，图书馆就没有过错，馆员和读者都必须执行。

信息自由的另一方面，是千方百计为读者提供适用的文献和服务。美国是一个移民国家，各个公共图书馆都面对着许多并非以英语为母语的读者。秉承 ALA 的"适当且有效组织的资源，公平的服务政策，公平的信息的存录入口，正确、不存偏见且有礼貌地回复所有请求"[3]伦理守则，美国公共图书馆对如西班牙裔、华裔等读者提出对文献的需求时，一般都设法满足其需求。这也是为什么会有芝加哥公共图书馆华埠分馆、皇后图书馆法拉盛分馆等以中文馆藏、华人馆员为主的分馆存在的原因。

（3）各种组织形式和服务模式并存

最早以为美国公共图书馆都以总分馆制存在，后在参与《图书馆服务网络模式研究》课题中，于良芝教授介绍了美国公共图书馆的设置是以多种形式存在的，总分馆只是设置模式中的一种，"把美国公共图书馆服务体系简单理解为清一色的'总馆—分馆'制，这是一个误解"[2]。在征收的财产税中划出一定比例的资金，是美国社区公共图书馆经费的主要来源。许多市的规模不大，一个公共图书馆就足以全覆盖，如我们参观的香槟市公共图书馆、厄本那公共图书馆，都是独立设置的；橡树公园公共图书馆则有一个总馆和两个分馆组成；而芝加哥市的公共图书馆，则有1个总馆、2个地区馆和75个分馆，分成中心区、南区、北区，每个区都有20多个分馆。

尽管同样是总分馆系统，各个系统内部的资源共享模式和程度也不完全一致。笔者在几个图书馆都询问了资源共享模式的问题，得到的回答都不太一样，以至于接待我们的蒋树勇老师、席源宪老师一开始都不太明白笔者为什么要弄清楚这个问题，因为对他们而言，似乎大家做法各异很正常。

在我们参观的香槟公共图书馆、马洪麦特公共图书馆、厄本那公共图书馆等都是独立的图书馆，既没有分馆也不是其他图书馆的分馆，但它们都参加了有500多个图书馆组成的联盟，可以在这个联盟中馆际互借。但后来在纽约交流时才知道，馆际互借的成本其实很大，如皇后图书馆的平均馆际互借成本是30美元/册，虽然并不向读者收取费用，但笔者以为这样的成本有些偏高，应该寻找更为经济的做法。

芝加哥公共图书馆、纽约公共图书馆、皇后图书馆等都是总分馆系统，这三个系统在图书通借通还后，都要通过物流将图书送回到原借出馆（即我们所说的"有限的通借通还"）。皇后图书馆平均每天借出图书7万册，其中超过2万册要通过物流送回借出馆，芝加哥公共图书馆和皇后图书馆因此都有自己的图书物流车队。如果说皇后图书馆因为服务对象涉及多语言、多民族的区域里（200万服务对象中，44.7%人的母语非英语），各个分馆都有资源建设上有特殊性，因而需要保证图书不能错位的话，那么在其他图书馆似乎找不到这种必须返回借出馆的理由。事实上，芝加哥公共图书馆在DVD上就采用了完全的通借通还（借出的DVD可以还到任何分馆，并不再返回到借出馆就可以继续出借），他们的馆员也认为这样的办法（完全的通借通还）比图书上采用的有限通借通还更加优越：降低成本并减少工作量。而在后来的交流中，了解到纽约布鲁克林图书馆总分馆系统就采用了完全的通借通还，与苏州图书馆采用的办法完全一致。

3. 我们的差距

虽然近几年来国内公共图书馆发展迅速，但在立法、设施、理念、服务、人员、效益等方面，我们仍然存在着较大的差距。

美国公共图书馆在国家层面的法律非常原则，但各州都有自己的图书馆法和相关法，地区性图书馆的经费来源主要来自当地财产税，尽管经济不景气会影响到图书馆，但仍有稳定的经费来源，且美国的州政府和联邦政府会对地区性公共图书馆提供一些补贴，附表反映了皇后图书馆总分馆系统2011年度预算中各级政府在经费上的分担情况,纽约公共图书馆89个分馆的总经费为1.44亿美元,其中77%来自纽约市政府,7%来自州政府和联邦政府,其他来自基金和捐款。他们总经费中有较大的捐款,原因在于美国各种基金很多,法律和税收又鼓励企业捐款,这些条件目前在国内并不存在,因此我们在社会力量办馆上,与美国并无可比性。

美国的总馆并不一定很大,而分馆并不一定很小。皇后图书馆有62个分馆,在参观前,笔者以为皇后图书馆总馆的馆舍面积至少数万平方米,但它却只有5 000平方米,而法拉盛分馆的馆舍面积也近5 000平方米。一个区域的服务人口需要多大规模的图书馆就建设多大面积,既可以满足读者的需求,又不使馆舍闲置造成图书馆建设和运行上的资金浪费,是一种可持续发展的策略,这与我们现在更愿意建设超大规模图书馆的做法在理念上完全不同。

在服务便利和效益上,美国在2007年就有16 549个公共图书馆和分馆,在芝加哥,步行15分钟一定能够走到一个图书馆。63%的美国成年人都拥有公共图书馆卡,平均每个美国人每年从公共图书馆借书7.3册(2009年上升到8.1册)。2011年度,皇后图书馆拥有馆藏文献670万册,有效读者证(指一年内活跃的读者证)90万,外借文献超过2 500万册,到馆读者近1 300万人次,约60万人参与了差不多3万个免费的图书馆活动。[4] 苏州图书馆的服务效益在国内同行中也算是比较高的,但与皇后图书馆相比,有效读者证只有其47%,到馆读者只有其48%,外借文献只有其8.5%。因此,与美国公共图书馆相比,我们要走的路还很长。

在所有的差距中,笔者认为最大的差距是馆员的数量和职业素养。馆员数量上,香槟市有6万人口,拥有1万平方米的图书馆,近100名工作人员;厄本那市有4万人口,拥有5 000平方米的图书馆,80多名工作人员;马洪麦特镇有13 000人口,拥有1千几百平方米的图书馆,13名工作人员;橡树公园公共图书馆服务人口5万多,拥有馆舍近10 000平方米(另有两所分馆),130名馆员,包括全职和半职人员;皇后图书馆有63个场馆,服务人口200万,有1 000名全职员工和750名半职员工。我们刚颁布的《公共图书馆服务规范》中设定的指标是每10 000至25 000常住人口配置一名图书馆员,与这些数据相比大概确实是太低了,因为按照这个规范,即使实现设施上的全覆盖,也根本无法配备足够的工作人员,更无法提供专业化服务。笔者粗算,一个城市的公共图书馆按最经济高效的总分馆模式,也至少达到每1万服务人口配备1名图书馆员才能保证正常运行,规模小的总分馆系统需要的馆员数量比规模大的更多;如果一个城市中的所有图书馆都独立设置,则需要的馆员数量最多。

馆员专业素养上,美国公共图书馆的工作人员中,68%具有图书馆专业硕士学位。我们接触到的美国同行,专业素养都很高,对公共图书馆服务理念都有较深的理解,而且都有一种图书馆职业精神,所有为读者服务的馆员们在完成一项服务后,脸上都荡漾着笑容,大概从心底里认为为读者服务是一件快乐的事。笔者在纽约公共图书馆中诚分馆参观时,图片部主管正在为我们介绍情况,一名读者因为复印超过免费限额而要付费复印,需要在读者证中充值,但可能是第一次充值而来询问,这位主管对我们说声"对不起"后,马上带了这位读者到充值的机器上为她示范。再举一个小例子，我们到每一个图书馆参观，都希望能够拍些照片带回来参考，与馆内同仁共享，但都被告知只能拍建筑、设施、馆员，就是不能拍摄读者。笔者经常在各地图书馆调研，有些图书馆任其拍照，有些图书馆不允许拍照，对不允许拍照的馆，笔者一般都会问当事馆员不能拍照的理由，得到的回答一般是"这是规定"，很少能够得到正确的回答，而在美国公共图书馆参观中，对不允许拍照都解释了正确的理由：保护读者隐私。

各国的公共图书馆事业都有自己的法律、经济、社会、文化等环境。我国在公共图书馆服务体系建设上固然存在着一些体制上的制约因素，但同时也有自己的有利因素，如十六大以来党和政府颁布了一系列有利于公共图书馆事业发展的政策，社会对公共图书馆逐渐增大了关注和认可，公共图书馆的经费多年来一直保持着增长，据李国新教授等的统计，从2005至2009年的五年间，我国公共图书馆经费平均增幅达到17.262%[5]。尽管在经费增长程度上与事业发展的要求还不足，但支撑了国内公共图书馆事业的不断发展，与美国公共图书馆在近四年中经费被削减了15%、专业人员减少了20%相比形成了巨大的对比。然而，我们不能不看到我们与美国同行之间的差距，而且这种差距还不小，特别是从业人员数量和职业素养上的差距。笔者以为，正是为了消除这种差距，中美图书馆专业交流项目才显得特别重要和有意义。

参考文献

[1] 于良芝,邱冠华,许晓霞.走进普遍均等服务时代:近年来我国公共图书馆服务体系构建研究[J].中国图书馆学报,2008(3):31—40.

[2] 邱冠华,于良芝,许晓霞.覆盖全社会的公共图书馆服务体系:模式、技术支撑与方案[M].北京:北京图书馆出版社,2008:7,33.

[3] 中国图书馆学会.中国图书馆馆员职业道德准则(试行)附录 美国图书馆协会的伦理守则[M].北京:北京图书馆出版社,2003:38—39.

[4] 皇后图书馆2011年总体报告.

[5] 公共图书馆研究院.公共图书馆发展蓝皮书:2010[M].深圳:海天出版社,2010:4.

后　记

2002年底，中共苏州市委任命笔者担任苏州图书馆馆长，2003年2月正式到任。从经济管理专业突然跳到了图书馆学专业，用西北大学杨玉麟教授的话说，是"'外行人'当了千年古城苏州市的图书馆馆长"，跨度实在有些大。因此，上海图书馆《图书馆杂志》社、上海科学技术文献出版社共同发起编纂系列丛书《中国当代图书馆馆长文库》，邀请笔者将自己十年来的文章结一个集，笔者开始着实有些犹豫：一个半路出家、机关干部出身的馆长如果跻身其中内心怎能不惶恐？何况国内图书馆界著作等身、管理出色、办馆知名的馆长不说成千也有上百吧。后在2013年中国图书馆年会上遇到《图书馆杂志》社常务副主编金晓明老师，他鼓励笔者把文集当作整理自己办馆理念、管理思路，展示苏州图书馆发展和自己成长历程的记载。感谢晓明的鼓励，让笔者有了信心，也正是出于这个目的，笔者对文集中所有的文章以时间为序，且都只修订错别字，而没有做其他的修改完善，让大家了解笔者在实践和研究上的成长历程。

人从来不是生而知之，公共图书馆成为民主社会政体有效运行的基石之一的原因也在于此。所以，笔者当馆长后的首要任务就是学习。虽然图书馆馆长职位如同身处知识海洋之中，但学习是一个渐进的过程，成长更是步履蹒跚，这从本文集中文章的撰写时间上可以清晰地看出来。这个过程之所以重要，是包含着太多老师的指导、同人的帮助，可以说笔者成长的每一步都是如此：办馆理念的确立得益于参加北京大学硕士研究生课程班进修时许多老师的教导，其中特别是李国新教授的指教；阅读推广的知识和能力主要来自王余光教授的指导；研究能力的提升受于良芝教授的帮助最大，合作承担的几个课题所受到的专业训练大概超过读几年研究生；研究文章大都运用了经济学原理是受了吴建中馆长的指点，他鼓励和希望笔者能够充分利用经济管理专业背景，从经济学角度来研究图书馆；图书馆管理上从当馆长一开始就受到了倪晓建馆长的点拨；推动总分馆建设上借鉴了上海、深圳等地同行的经验；授课能力的从无到有得益于中国图书馆学会基层图书馆馆长培训的志愿者行动，参加这个活动是一种对身心和能力的洗礼，既承蒙志愿者战友的指导，也得到当地同行的帮助；还有许多老师、同人的帮助，难以一一言尽。因此，不管笔者的馆长生涯是否成功，无论笔者那几年所带领的苏州图书馆是否实现了快速发展，笔者既在这里向大家汇报，也借这个机会向指导过、帮助过笔者及苏州图书馆的所有领导、老师、同人表示真诚地感谢！

笔者虽然已于 2011 年底自动请辞离开了馆长岗位，但自始至终对公共图书馆这个没有丝毫自身私利、全心全意为社会奉献的职业以及从事这个职业的图书馆人充满敬意，而且，笔者因能够成为其中的一份子而深感自豪。

邱冠华

2013 年 12 月 5 日